山东大学主办
山东大学东北亚学院
山东大学国际问题研究院承办

编辑部联系方式：
地　　址：山东省威海市文化西路 180 号山东大学东北亚学院
邮　　编：264209
投稿邮箱：dongyapinglun@ 163. com
电　　话：0631-5680812

山东大学主办

山东大学东北亚学院承办

东亚评论

第32辑

张蕴岭◎主编

世界知识出版社

图书在版编目（CIP）数据

东亚评论．第 32 辑 / 张蕴岭主编．--北京：世界知识出版社，2020.7

ISBN 978-7-5012-6260-1

Ⅰ．①东… Ⅱ．①张… Ⅲ．①政治—东亚—丛刊 Ⅳ．①D731-55

中国版本图书馆 CIP 数据核字（2020）第 121329 号

责任编辑 刘豫徽
责任出版 王勇刚
责任校对 张 琨

书　　名 东亚评论（第 32 辑）
Dongya Pinglun（Di32ji）
主　　编 张蕴岭

出版发行 世界知识出版社
地址邮编 北京市东城区干面胡同 51 号（100010）
经　　销 新华书店
网　　址 www. ishizhi. cn
投稿信箱 lyhbbi@ 163. com
印　　刷 北京虎彩文化传播有限公司
开本印张 787 毫米×1092 毫米　1/16　13¾印张
字　　数 158 千字
版次印次 2020 年 8 月第一版　2020 年 8 月第一次印刷
标准书号 ISBN 978-7-5012-6260-1
定　　价 58.00 元

目录

主编笔记

对海洋观和海洋秩序的思考

张蕴岭*

2019 年 4 月，中国领导人在人民海军成立 70 周年多国海军活动上，提出了构建海洋命运共同体的倡议。为什么是海洋命运共同体，何谓海洋命运共同体？如何构建海洋命运共同体？针对这些问题，山东大学国际问题研究院组织召开了一次关于新时代海洋命运共同体的学术研讨会，邀请国内专家学者就涉及这个问题的诸多方面问题进行了讨论。

如今，海洋问题凸显，引起世界的高度关注。地球上 2/3 是海洋，海洋之变足以影响整个人类的生存。笔者在研讨会上做了一个发言，提出了一些看法。这些看法是笔者在最近研究世界大变局问题中思考的。笔者的一个基本认识是，在世界正经历的诸多大变局中，自然环境之变是重中之重，而在自然环境变化中，海洋之变具有重大影响。

关于海洋观的思考

在长期的历史中，人类对海洋的认识是不断深化的，经历了从

---

* 张蕴岭，中国社会科学院学部委员，山东大学国际问题研究院院长。

"无知"到"有知"，从"浅知"到"深知"的过程。海洋观是人们对海洋的总体认识，代表着主流，具有主导性影响力，我把基于对海洋认识所形成的"海洋观"总括地归结成 1.0、2.0 和 3.0，从 1 到 3 的认识，不是割裂开来的，它们相互间是有联系性的，是累积发展的结果。

地球由海洋与陆地构成，海洋面积远大于陆地，但人类生活在陆地上，因此，人类对海洋的客观认识与利用要比陆地晚。在"地理大发现"之前，人对海洋的认识是简单的，很难说有鲜明的和作为主导性影响的海洋观。

工业革命为造船与航海提供了新的物资和技术支持，于是，可以用于远航的大船开辟了利用海洋的新天地，让海洋由阻隔变成通途。鉴于此，那些最先接受了工业革命洗礼的欧洲沿海国家，很快成为商业中心和进行殖民扩张的强国。于是，代表主流的海洋观形成，其主要的启蒙认知是：海洋是便捷的大通道，利用海洋，发展海上运输，扩大对外贸易，国家大力支持远航，发现财富，拓展殖民。

在此情况下形成的对海洋的认识，即海洋观可以称之为"海洋观 1.0"。在这样的海洋观指导下，一些海洋国家，主要是欧洲国家快速崛起，海洋为这些崛起强国进行海外扩张和殖民提供了基础支持。事实上，没有海洋大通道，"地理大发现"不可能进行。同时，大发现也激发了海上竞争，引起海上争夺与战争。基于海洋观 1.0，海洋战略思想得到发展，最具代表性的是 19 世纪末美国军事理论家马汉提出的海权论。海权论的主导思想是一个国家要强大，就要利用海洋优势，拥有海洋优势，把持海洋优势，其影响延续至今。

随着世界的发展，人类对海洋的认识不断拓展和深化，逐步形成了新的海洋观。新海洋观是在海洋观 1.0 的基础上发展的，因此可称之为海洋观 2.0，其主要的认识是：海洋不仅是大通道，还是拥有丰富资源的储藏地，其中最为重要的是油气资源和稀有矿产资源。海上油气资源的发现和开发助推了能源结构由煤炭向油气的转变，让一些拥有沿海油气资源的国家、公司的财富快速增长，这助推了对海洋本身所拥有资源的争夺，以及国家海洋权益的争夺。海洋观 2.0 也推动了关于海洋新思想、新战略的发展，比如，发展海洋经济，扩大海洋权益，国家经略海洋，等等。这些发展也推动了国际社会对海洋的管理，经过联合国三次海洋法会议，通过了《联合国海洋法公约》（以下简称《公约》），于 1994 年生效。《公约》确立了新的海洋制度，包括确立 200 海里专属经济区制度，扩大沿海国对海洋的主权权利和管辖权，对包括海洋科学研究、海洋环境的保护和保全，以及公海、国际海底的开发利用等事项作出制度和法律安排，规范各国开发利用海洋的基本权利和义务等。

随着海洋的过度开发，加上综合环境恶化对海洋的影响使人们对海洋的认识发生转变，开始重新认识海洋。人们认识到海洋是人类生存环境的重要依托。对海洋的过度开发，海洋受到严重污染，这不仅危及海洋生物的生存，而且对海洋本身的生态和循环造成破坏，无疑会影响到人类的生存环境。特别是，气候变化使南北极冰盖融化，导致海平面上升，海水温度升高，这对整个地球的生态环境造成灾难性影响。在此情况下，新的海洋观萌生，即人类必须维护海洋，治理海洋，这生成了以海洋治理为核心的新海洋观，亦可称之为海洋观 3.0，其核心认识是，人类必须保护海洋，对海洋污染进行治理，恢复海洋生态平衡。

新海洋观还在发育期，还要逐步形成国际共识，让所有国家都承担相应责任，开展有效的合作。人类已走到十字路口：据报道，地球开始负能量运行，即整体环境在恶化，包括海洋环境，各国合作的目的，最为重要的是让地球，包括海洋回到正能量运行状态。

关于海洋秩序的思考

海洋观引领人们的海洋行动，而在行动的基础上形成一定的海洋秩序。与海洋观和实际的发展相联系，也形成不同时期的海洋秩序。

海洋秩序 1.0 的主要特征是利用海洋大通道，发展海洋航行便利的功能。但受利益的驱使，列强海上争夺激烈，一旦强者获得优势，必定按照自己的意愿和利益制定规则和维护秩序，由此，自由航行的海洋受制于霸权力量主导，这样的海洋秩序具有很强的海上霸权主导的特征。

强国优势和霸权秩序是排他性的，维护优势与霸权是为了获取最大的利益。因此，在霸权秩序下，海洋冲突、战争迭起。维护霸权要比争得霸权更难，在长期的海上争夺中，海上霸权不断交替更迭，曾先后出现不少地区性和全球性占主导地位的强国。英国自 1588 年开始到一战结束，一直维持着海上霸权，而一战结束时，美国发展为仅次于英国的海上霸权，二战后，美国在海上取得绝对优势，至今，可以说仍没有挑战对手。

海洋秩序 2.0 的主要特征为用海、拥海立规，建立基于《联合国海洋法公约》的海洋秩序。基本原则是在维护海上航行开放的前提下，确立和维护沿海国的海洋权益和责任。在联合国层面和其他诸多领域，先后建立了海洋管理的机构和机制。但在实施《公约》中，也出现了不少问题与矛盾，比如，专属经济区管辖范围的重叠以及所产生的矛盾，资源开发与保护的不平衡，还有像美国这样拥有海上霸权的国家拒绝签署《公约》，却又基于自己的利益自行解释《公约》等。

值得指出的是，海洋秩序2.0是在工业化大发展的背景下形成的，由于注重利用，轻视保护，注重权益，轻视责任，导致海洋资源过度开发和利用，大量污染物任意向海洋倾倒和排放，导致海洋可持续的环境受到严重威胁，而海洋生态危机成为人类生存环境危机的最重要因素之一。海洋秩序3.0，基于对海洋的新认知，即海洋观3.0。新的海洋秩序正在酝酿，要旨是海洋治理，恢复海洋生态，以维护人类的生存环境。通过综合措施治理，其中包括防止气温升高和治理海洋污染，阻止海洋温度和海平面提升。海洋治理是一项综合工程，既需要新认知，又需要新行动，特别需要人类的新觉醒和联合行动。以海洋治理为中心的海洋新秩序具有新时代的特征，涉及人类生存的大计，肯定需要很长的时间，但是，危机形势严峻，我们不能没有紧迫感。当然，新秩序的建立是在原有秩序的基础上进行的，实际上也是以解决原有秩序中存在的问题为前提。中国是一个陆海国家，海洋是中国立足和生存发展的重要支撑。历史上，中国曾经有过占据优势地位的海洋力量，郑和下西洋留下永久相传的佳话。但是，中国没有形成与时俱进的海洋观，在海洋秩序构建上被边缘化。近代，海洋成为列强进犯中国的便利通道。面对列强进犯，清朝后期曾引进西方技术和舰船，试图建立强大的海军，但中日甲午一战，清朝最强的海军部队——北洋舰队覆没。从此，在很长的历史中，中国人对海洋有一种恐惧感。

1978 年，中国开始实施改革开放，把沿海作为改革开放的前沿，于是，中国人对海洋的认知发生了重大变化。通过设立沿海经济特区，实行“两头在外”“借船出海”，大力发展加工制造业，沿海地区成为热土，海洋成为对外交往的大通道，海洋由威胁变成机会，新海洋观得到确立。

随着经济发展的综合实力增强，中国进一步提升了自身的海洋地位，不仅加强了对海洋权益的护卫、对海洋资源的开发，还提出建设海洋强国的战略目标。总的来看，中国构建的海洋观，具有很强的1.0、2.0 印记，是一种赶超和争雄的思维，这对一个“后起海洋大国”来说，无可厚非。

然而，中国必须加快步入海洋观 3.0 和海洋秩序 3.0 的进程，承担起维护、治理海洋的重任。这对中国来说是个挑战，刚刚熟悉了1.0 和 2.0，要跨入 3.0。当然，这不是要在它们之间进行取舍，而是要融入新时代的新内容。海洋治理涉及人类生存的根本利益，作为世界人口最多的国度，中国义不容辞。在海洋治理方面，中国面临诸多挑战，无论是在海洋污染治理，还是在构建新海洋规则和秩序方面，不仅需要学习和参与，还要发挥引领作用，肩负起新兴大国的责任。

中国领导人提出构建海洋命运共同体，是着眼于海洋观 3.0 和海洋秩序 3.0 的。顾名思义，海洋命运共同体，就是基于人类生存和发展的共同愿景考虑的。从这个意义上说，海洋命运共同体的构建是新时代新海洋观和秩序构建的中国方案。

重在行动，不仅要从自身做起，更要组建合唱队，要多做工作，增进共识，行动起来。地球已经开始进入负能量运转程式，海洋也是，也就是说，人类面临生存危机，再也拖延不起了。

再议影响国际秩序演变的动力与条件*

吴白乙**

一、引言

国际关系从来都是一个动态的事物，永远在变化。21 世纪以来，国际关系的变化进入加速期，让人常有“梦中才一日，世事已千年”之感。

国际秩序是各类动态关系不断累积所引出的结果，因而相对稳定，并为人们观察、分析国际事务乃至做出相关决策提供基本框架和背景。它追求国家社会基本、主要或普遍的目标，比如，维持国际体系或国家社会本身的生存；国际承诺的有效性；国际和平与财产稳定等。① 国际秩序的标志物是一整套制度、规则及其维系机制，在管理各类关系的同时也要经受其检验、刺激并做出调整、完善，有的时候还要为自身的普适性、权威性做出强制性裁定甚至惩罚性行动，所以国际秩序也不是一个绝对静态的事物。

---

* 本文收稿日期：2019 年 12 月 1 日。

** 吴白乙，中国社会科学院欧洲研究所所长、山东大学东北亚学院特聘教授。

① ［英］赫德利·布尔：《无政府社会》（张小明译），北京：世界知识出版社 2003 年版，第 13—15 页。

自2018年6月以来，习近平总书记关于“百年未有之大变局”这一判断持续引发热议，原因来自国际关系和全球秩序两个方面，但最重要的恐怕是来自后者。国际关系不断发生急剧变化，必然会导致全球秩序发生相应变化。人们关心的是这一变化本质是什么，方向朝哪里去？

2019年9月24日，古特雷斯在联合国大会一般性辩论中发表年度“世界状况演说”时指出，当下世界面临着国际体系一分为二的危险，自由资本主义在走向衰落，代之而起的是“权威资本主义”的制度体系。① 尽管这个说法不尽准确，但值得我们重视。从理论上说，自由资本主义意味着宽松的制度环境下生产要素的便捷流动与最佳组合，符合人们对不断突破生产效率的追求，也为民众普遍增加收益创设了基本的物质条件。自由民主机制必须依赖“信服”而保持大范围的有效参与。② 但最近几十年的实际情况却并非如此，自由资本主义的大发展和大流通没有给多数人、多数国家带来生活的极大改善，反而加大了贫富人群或国家之间的差距，有些原来生活不错的阶层和国家的状况大不如前。再加上“政客们为了上台，常常不顾及国家财政承受能力，给选民很多不切实际的承诺，民众的‘胃口’越来越大”。③ 因此，反经济全球化、敌视垄断资本、倡导激进变革的民粹政治开始大行其道，从西欧到东亚、北美到南美都随处展现其强劲张

---

① 《联合国秘书长古特雷斯警告世界面临形成两大独立竞争体系风险》，2019年9月24日，https://news.un.org/zh/story/2019/09/1042102。

② Robert O. Keohane, *Power and Governance n a Partially Globalized World*(London& NY: Routledge, 2002), p. 245.

③ 宋伟：《西方社会撕裂的症结：阶级矛盾和认同矛盾》，《世界社会主义研究》2019年第6期，第90页。

力，给自由资本主义秩序以极大冲击。法国总统马克龙坦承，“西方霸权可能正在终结。西方对这一体制性的深刻变革束手无策”。[1]

“青山遮不住，毕竟东流去”。滚滚而去的世界大潮将如何塑造新的秩序，答案尚难确定。本文试从以下几个方面辨析国际秩序变更的动力与轨迹，以期引起同行的进一步讨论。

二、再看影响国际秩序的几个变量

17 世纪中叶欧洲结束长达 30 年的宗教战争，参战各国签署《威斯特伐利亚条约》，基于国家主权观念的现代国际体系就此形成。此后历次国际秩序更替，大都是由战争所打破，并由胜利者所完成的。20 世纪后半叶的冷战源自热战，通过两大军事集团的长期对峙、战略竞争以及核恐怖平衡，大致维持了半个世纪的“冷和平”。20 世纪 90 年代，美国所代表的西方不战而胜，这是近代以来人类首次没有通过热战而转入新秩序的经历。

（一）21 世纪国际秩序能否再度实现和平过渡，取决于维护和平的力量和条件是否充分

“战争几乎和人类一样古老，它触及人心最隐秘的角落——在人的心灵深处，自我挤掉了理性的目的，骄傲、情感和本能占据着主导地位”。[2] 然而，冷战结束 28 年，国际政治运行区间一直与大战、核

---

① 《法国总统马克龙提出西方霸权终结论》，中国社会科学网，2019 年 9 月 18 日，http://www.cssn.cn/gjgxx/gj_rdzx/201909/t20190918_4973645.shtml。

② ［英］约翰·基根：《战争史》（林华译），北京：中信出版集团 2015 年版，第 3 页。

大战保持较大的距离。虽然美欧偶尔使用武力，针对中东、南欧、西亚国家发动了几场局部战争，但世界总体上处于较稳定的和平发展时期。在此期间，中国、中东欧国家实现“经济转轨”，东亚、非洲、拉美产生一批新兴市场国家，它们从当代资本主义体系获得自身短缺的生产要素和发展机遇，同时也带动了本地区内部经济循环和一体化合作进程。[①] 其结果是，21 世纪以来，发展中国家已经成为带动世界经济增长的“半壁江山”。几十年来，发展中国家的经济规模全球比重已从 1970 年的不足 20%，增加到 2019 年的近 60%。[②] 虽然发展中国家群体的发展速率、质量开始分化，但随着经济和社会治理现代化进程加深，这些国家发生“内乱”的概率总体都在下降，参与全球治理、推动国际关系民主化的能力在增强，这些历史性的变化都为防止世界大战，推动国际秩序的和平演变提供了坚实的基础。

此外，和平主义仍是全球思想主流，战略平衡和限制大规模杀伤性武器的制度框架未被打破。和平主义的伦理基础，是人类社会的共生连带关系，和平义务的主体应是具有内在普遍意识的地球公民。[③] 以核武器控制为例，截至 2015 年，《不扩散核武器条约》（NPT）已经有 190 个签署国，美俄于 2010 年签订新的《削减战略武器条约》将于 2021 年 2 月 5 日到期，双方正在进行续约谈判。朝鲜、伊朗，甚至更早的印度、巴基斯坦，都无法获得拥核国家地位，围绕朝鲜、伊朗去核化的多边对话也在曲折中取得进展，这些事实都说明，有关裁减和控制大规模杀伤性武器的国际社会共识仍很强大，是一种具有普

---

① 林毅夫：《从 70 年发展看经济学理论创新》，《经济日报》2019 年 6 月 13 日，http://www.ce.cn/xwzx/gnsz/gdxw/201906/13/t20190613_32345988.shtml。

② 国务院新闻办公室：《新时代的中国与世界》，北京：人民出版社 2019 年版，第 39 页。

③ 曹刚：《论和平主义》，《中国人民大学学报》2015 年第 4 期，第 63 页。

遍性、持久性的道义力量，对于抑制核军备竞赛和防控核战风险起着重要作用。

2019年8月2日，美国率先退出《中导条约》，这的确是一个严重的逆向动作，反映美军战争思想有所突破，从原来的维持“恐怖平衡”战略转向“在有限范围内谨慎而精准地使用核武器”[①]。这一想法很危险，但难以实现，一是战术性核武器通过周密的反导系统拦截后的“存活率”难以确定，却可能招致对方的战略报复打击，二是在海外前沿部署此类武器的维护成本、安全成本和道义成本都不低。概括起来，未来国际安全制度的缺口不小，但少数国家真搞“破坏性创造”的可行性也不高。即便美国一再突破制度上限，追求绝对军事优势，俄、欧、中都不太可能随之卷入全面军备竞赛，“因为对象国不可能拥有或动用类似冷战期间的财力和物力来进行如此殊死的竞赛”。[②] 造成美国处于“茕茕孑立，形影相吊”的境地，这也是一种制约。

再者，传统地缘政治联盟难以为继，新的多样化合作形态正取而代之。冷战结束后，美国用北约及其亚太军事同盟来控制其战略两翼的稳定，支撑其独霸世界的后冷战国际秩序，并为此消耗了大量的资源。而当代国际关系内涵的变化、全球经济利益布局的一再调整和多级政治格局的深入发展，导致“南”“北”之间共生利益增多，合作范围扩大，全球发展与治理领域不断派生出灵活多样的“功能性联盟”，代表着国际秩序继续向“实用主义”和“去中心化”的方向演

---

① 周波：《NHK：核裁军的未来——人类将告别军控条约吗？》，观察者网，2019年9月17日，https://www.guancha.cn/Hunyun/2019_09_17_518107.shtml。

② 滕建群：《美俄退出〈中导条约〉的原因及影响》，《和平与发展》2019年第3期，第21页。

变。这些变化也极大地解构了西方同盟体系的内部向心力，相关盟友对美从属性下降，自主决策意识增强。2019 年 11 月，法国总统马克龙有关“北约已经‘脑死亡’”的论点引发热议[①]，表明战后西方同盟关系再度调整的临界点已悄然到来。未来国际秩序只有不断回应全球发展与治理过程中责任主体、议题选项、合作形式的多元化变动，最大限度地覆盖大多数行为体的利益需要，才能形成新的复合型共同体身份，并最终超越旧的“等级社会”式国际秩序。

（二）大国关系走向不明，新秩序形成存在高度不确定性

经过近 20 年的格局演变，“一超多强”中的超级大国已疲态毕露，作为新兴大国的中国进一步走近世界权力中心，从而引起霸权国家的全面打压。2017 年以来，美国将中国定位为“战略上的竞争对手”，对华政策做出系统性和几近颠覆性的调整，此后，发起多轮对华贸易和技术冲突，导致两国外交、安全、教育、人文交流水平骤降，美方在台湾、南海、新疆、香港问题上加大挑衅和施压力度，中美战略互信受到严重削弱。从长期来看，尽管地缘政治考虑在大国竞争中仍有挥之难却的分量，但它将不得不让位于更多的现实变量。冷战终结后，大国关系的内涵和形态发生很大变化，彼此利益高度交织，“脱钩”进而重启“新冷战”的代价过大。尤其是中美两国已经形成了复杂的相互依赖关系，强行“脱钩”必然对两国国内经济造成冲击与伤害。[②] 因此，以中美为代表的大国博弈势必更多集中在国际

---

① 《马克龙：北约正在经历“脑死亡”》，来源：中央广电总台央视新闻客户端，国际在线，2019 年 11 月 8 日，http://news.cri.cn/20191108/c47d5bf0-eb84-f127-6926-52e7a6587c52.html。

② 王悠、陈定定：《中美经济与战略“脱钩”的趋势及影响》，《现代国际关系》2018 年第 7 期，第 31 页。

制度、规范、标准的主导权、解释权、利用权上。作为强势者，美国用单边主义的办法来博取推进国际秩序改革的主导权、规制权，正极大地损毁其长期积累的国际威望。事实证明，“世界那么大，问题那么多”，任何国家靠一己之力都无法解决。无论在防止大规模杀伤性武器扩散和恐怖主义、分裂主义势力四处肆虐，还是对人工智能、生命科学、数字经济等前沿技术可能带来的不确定风险，美国与中国和其他战略力量之间仍存在安全上相互依存、技术上相互借重、规则上合作管控的巨大空间。

总之，美国与其他大国的竞争转向全面化，既可推动各方调整和适应新的大国关系模式，以及与之伴生的地区和全球秩序变革，同时，相关大国也必然要为此经历一番痛苦的磨合，付出相应的代价，甚至不排除某些暂时的、局部的关系紧张或倒退。

（三）国家与市场关系在艰难调整中再定位

“不言而喻，国家是国际关系中的最基本的行为体，所以在今后很长的时期内，国家在国际关系、全球治理中的地位与作用仍然居于首位。但同样明显的是，国家已不可能垄断人类公共事务的管理，必须学会同成长中的社会力量协调、对话，共同应对全球问题，管理公共事务”。[①] 过去40年经济全球化的本质特征是跨国公司主导的全球化，它一方面形成跨国跨地区的产业链、价值链布局，实现了全球性资源和生产效率的最佳配置，另一方面也在更大地域范围对各国经济、社会乃至资源和生态造成巨大冲击，发展中国家和发达国家的产

---

① 蔡拓：《理性与非理性的博弈——全球大变局的症结与应对》，《探索与争鸣》2019年第1期，第7页。

业结构、社会结构、分配制度、治理体系逐次发生严重失衡、失范与失序性危机。同时，互联网技术和移动通信技术的迅猛发展，催生了各种自媒体的迅速发展，微信、抖音、推特、脸书等成为普通大众使用最广泛的传播平台，给草根政治、大众民主插上翅膀，使民粹思想更易诉诸国家政治殿堂。

近年来，世界各地先后涌现出一大批以民粹主义、民族主义、保护主义旗手标榜自我的政治强人，这一全球政坛现象在一定程度上代表“国家中心主义”的强势回归，也是对自由资本主义带来的负面后果所做出的激烈回应。

然而，它给未来国际经济合作与治理机制带来的双重效应是明显的，一是全球和多边制度建设进入下行期，美国“退群”、英国“脱欧”等都是重要的风向标。世界贸易组织本应根据形势发展的需要加快多边谈判进程，改革不合时宜的规则，满足对跨境物流、电子商务、服务贸易等新兴领域的规则支持和监管需要。严重的问题是，由于某些贸易大国转向保护主义，倾向于用诸边、双边渠道来取代多边方式，使得世界贸易组织的改革日程更加难以确定，甚至面临瘫痪的危险。二是未来国际经济合作范围因此被迫收窄，在较长时期内区域性、次级多边（如《美墨加协定》、《全面与进步跨太平洋伙伴关系协定》、区域全面伙伴关系协定等）和双边自由贸易协定（FTA）协议可能成为主要的国际合作制度形式，世界贸易与投资格局由此呈现“群雄逐鹿”的新态势。东亚及中亚、南亚、欧洲大陆、北美三大经济圈之间既有联通、交叠的一面，也有竞争和排斥的一面。[①] 在

① 欧阳俊、邱琼：《〈美墨加协定〉的目标、原则和治理机制分析》，《拉丁美洲研究》2019 年第 1 期，第 27—30 页。

此前景下，中国倡导的“一带一路”国际合作具有促进欧亚经济融合，维护全球多边合作框架的战略意义，是一项承载正能量的新兴事业。

国际金融秩序正在经历“乱”与“治”的拉锯战。随着不断量化宽松而发生的美元利率下调、回报周期拉长，以杠杆最大化为特征的美国经济泡沫化倾向进一步加重，各主要经济体的政策空间已大幅压缩，面临一再升高的滞胀风险而无力应对。与此同时，美元脱离石油为锚定物的趋势显现，但尚未确定新的锚定物。数字货币、区块链技术能否成为未来的体系支撑还远不清晰，前者还因其具有超主权发行的特质而备受争议。就体系变动而言，积极的迹象之一是“去美元化”势头加快。俄罗斯、伊朗先后在能源交易中采用卢布、欧元甚至人民币为计价和结算货币，上海能源交易中心以人民币计价的石油期货交易额稳步增长，欧盟已着手建立独立的货币基金和银行结算系统。① 随着新兴市场国家和发展中国家在国际贸易中占比的持续提升，亚洲基础设施投资银行、金砖国家新开发银行等新型国际公共产品问世，必将为促进全球货币体系多元化和金融治理机制改革做出有益的贡献。

（四）技术无限扩张和生态脆弱性亟待有效管控

“科学技术是第一生产力”。人类对于经济繁荣、个人财富、生活质量的无限追求推动技术创新周期不断缩短。当代世界技术竞争聚集在信息技术（如量子计算与量子通信、互联网与物联网、人工智能）、生命科学和生物技术（如基因组编辑与修复）、能源技术（如热核聚

① 张宇燕：《理解百年未有之大变局》，《国际经济评论》2019 年第 5 期，第 14—15 页。

变）、材料科学（如纳米技术）、空间科学（如宇宙暗物质）等五大高新领域。技术进步无疑具有提高生产效率，提供更加丰富的生产和生活资料，甚至改变人类生存质量等好处。同时，它不仅将突破极地、深海、太空/外层空间等物理界限，还会给现有经济和社会范式、伦理等带来前所未有的不确定性——数据跨境流动是否会造成更大范围的企业垄断和信息失控，具有超级学习能力的机器人是否会导致数以亿计的劳动人口失业，甚至最终控制人类，[①] 高度“无人化”的未来战争会不会演变成“无限战”“超限战”，诸如此类的技术风险和挑战亟待各国（方）联手制定新的防范与控制规则。20 世纪两次世界大战留下的教训之一就是人类在适应新科技条件及其附属社会变革时缺乏足够的自律意识和防控机制。眼下，人类对于技术无限扩张的反应必须比从前更好，才能躲过灾难。[②]

世界发展的扁平化趋势固然是历史的进步，其悖论在于当更多参与者进入这一历史进程后，必然造成更多的资源消耗，进一步打破人类赖以生存的自然生态系统。我们正处于一个人类社会与全球环境的加速互动、二者被同时置于危险境地的历史阶段。[③] 目前，气候变化带来了诸多显著影响：一是对岛屿、低地国家生存安全产生威胁。联合国 2019 年 9 月 25 日发布报告称，到 2099 年，上海、东京、纽约等高于海平面不足十米的城市和地区将面临灭顶之灾，数以亿计

---

① 何怀宏：《人工智能与底线思维》，《当代美国评论》2019 年第 1 期，第 112 页。

② Yuval Noah Harari, *21 Lessons for 21st Century*(Canada: Penguin Random House Company, 2018), pp.33-34.

③ Eric Hobsbawm, “War, Peace, and Hegemony at the Beginning of the Twenty First Century,” *War, Peace and Hegemony in a Globalized World*(Oxon & New York: Routledge, 2008), p.15.

的人口被迫迁徙;[①] 二是生态退化和物种濒危趋势难以扭转，人与自然的关系将持续处于高度紧张状态；三是水资源进一步匮乏，威胁世界近 1/2 的人口生存，波及的国家和地区达 40 多个;[②] 四是大规模疫病频发，全球公共卫生挑战更趋严峻；五是极地保护与开发矛盾凸显，大国竞争加剧。[③] 由于相应的国际公共产品长期短缺，国际社会，特别是发达国家未能承担足够的责任，气候变化治理的代价势必更大，建立一种破除主权分隔下生态治理圈，代之以全球生态社会的新秩序任重而道远。[④]

（五）以文明互鉴和“命运与共”为新秩序之本

100 年前的凡尔赛—华盛顿体系建立时，世界还处于殖民主义时代，国际秩序由帝国主义列强来划定。它们同属于西方工业文明代表，信奉社会达尔文主义的丛林法则。100 年后的今天，世界已超越帝国主义时代，西方国家基本进入后现代化社会，新兴市场和发展中国家则分属于若干文明圈，影响未来秩序构成的文明元素无疑更为丰富，也更为复杂，而多元文明究竟能否实现有益共处、互鉴互补是决定新秩序成败的关键。亨廷顿的“文明冲突论”之陋是它过分强调宗教在身份塑造中的作用及其造成未来世界政治对立的图景，也为当下

---

① 宋宇铮：《联合国警示 2099 年海平面最高或上升 2 米，上海东京怎么办?》，腾讯网，2019 年 9 月 27 日，https://new.qq.com/omn/20190927/20190927A06XE200。

② UN, *The United Nations World Water Development Report 2018: Nature-Based Solutions for Water*, p.3, https://unesdoc.unesco.org/ark:/48223/pf0000261424_eng.

③ 李东燕等：《大国争夺全球公域规则制定权》，《人民日报》2014 年 5 月 12 日，http://opinion.people.com.cn/n/2014/0512/c1003-25004629.html。

④ ［澳］约瑟夫·A. 凯米莱里、吉米·福尔克：《主权的终结？——日趋“缩小”和“碎片化”的世界政治》（李东燕译），杭州：浙江人民出版社 2001 年版，第 235—237 页。

美国对华战略转向埋下深层伏笔。5000年中华文明绵延不绝的“秘密”在于对各种文明元素的博采、吸收和改造，但民众信仰和国家意识形态并未将任何一种元素绝对神化。放眼21世纪各文明发展，神本向人本、神道向人道转变乃是大势所趋，从而为各文明之间平等交流，去除认知障碍提供了可能。中国的全球治理方案是一种新型世界秩序的建设性方案，它以超越威斯特伐利亚体系为前提，以一种新文明类型为根基。① 中国结合历史先验和现实资源，努力构建“人类命运与共”的身份认同，这一新的理念明显有别于既往的权力政治学说，② 因而具有鲜明的文化进步性，也必将为日益社会化、大众化的国际关系实践所证实。

三、并非结论的几点思考

讨论一个问题，最好是找到一个标志物。美国在20世纪实现全面崛起和称霸世界的目标，先后战胜了日本、苏联等挑战者，收获巨量的资本和物质红利，而且还建立起前所未有的国际威望、信任、文化吸引力，用“美国治下的国际秩序”来标示实不为过。

那么，21世纪国际秩序用什么来做标志？从“9·11事件”到2008年金融危机，不到十年间发生的两个划时代事件，一个破了美国本土安全的“不败金身”，另一个令美式自由资本主义模式走下神

① Wu Xiaoming, “The ‘Chinese Approach’ Users in a New Model of Global Governance Civilization,” *Social Science in China*, Vol.39, No.4, 2018, p.139.

② 王玉主：《中国的国际社会理念及其激励性建构——人类命运共同体与“一带一路”建设》，《当代亚太》2019年第5期，第10页。

坛。此后，美国明显地衰败下来，思想僵化、社会分化、政治撕裂、对外公信力严重受损。种种迹象表明，21 世纪将注定不再是“美国世纪”。

笔者认为，21 世纪的秩序将具有以下特征。

第一，新型“多极化”。它突破旧的地缘政治“极”的概念，呈现为有别于“霸权稳定”模式的新型复合秩序，由各地区发展共同体、各类功能性联盟以及多边国际组织共同加以塑造、维护和推进。[①] 民族国家，尤其是大国要实现自身利益最大化和保持长盛不衰，既要主动加入其中，顺势引领，也必须甘于承担相应的责任和义务，与时俱进地创设并与他者分享国际公共产品。从 20 世纪初威尔逊主义到第二次世界大战结束后成立联合国、布雷顿森林体系等，美国用了近半个世纪时间修正和完善其超越旧殖民体系和面向历史发展趋势的秩序方案。冷战后，美国的对外政策始终在极端孤立主义与极端国际主义之间徘徊，但这两种姿态有一个共同假设：国际政治是充满敌对的。[②] 如今，美国跌入政治保守主义、经济民族主义、文化种族主义的泥潭，正是这一假设不断深化和加重的结果。对于国际秩序的走向，中美在理解上、行动上差距拉大，美国进一步将中国视为危险的“修正”者，中国则坚持互利共赢的对外关系基调。中国提出“人类命运共同体”作为国际秩序目标，其内涵宽泛，具有更大的文明包容性，代表了世界政治和经济发展的先进方向。当然，要实现这一目标，中国不仅要设计出一套与此相关的行动纲领、制度架构、技术标准和路

---

① ［加拿大］阿米塔·阿查亚：《美国世界秩序的终结》（袁正清、肖莹莹译），上海：上海人民出版社 2017 年版，第 171—175 页。

② Fraser Cameron, *US Foreign Policy after the Cold War, Global Hegemony of Reluctant Sheriff* (Oxon & New York: Routledge, 2005), p.183.

线图等公共产品，而且要加快自身现代治理体系和能力的对外转化，进一步扭转与外部世界合作关系的非对称、不协调局面。总之，站在历史进步的一边，必将是中美两国和其他各类行为体促成新秩序的最终选择。

第二，新的力量重组。新与旧秩序动力转换在明显加速，主要标志之一就是发展中国家群体性崛起，发达国家处于退行性守势成为常态。在这一应变过程中，发展中国家既有获取相应规制权、话语权等各种“平权”的机遇，也要应对内外体系环境压力和自身改革的挑战。成者将蜕变为国家治理现代化的“模范生”，败者则会错过机遇，将规制权、话语权再度交出。从这个意义上讲，国际关系民主化的趋势是不可逆转的，但各国参与全球发展和治理的表现将决定其在未来国际秩序中的地位。这一新常态将持续对早已过时的集团化、同盟化、意识形态化的秩序框架起到根本性削弱，继而重组的作用。“未来国际秩序将日益呈现为一种既包括国家与国家之间的正义，也包括人与人之间正义的全球秩序”。①

第三，新的大国关系范式。新秩序形成的重要前提仍是大国关系维持基本稳定，超越“注定一战”的厄运。21 世纪最大的危险来自中美之间不断恶化的关系最终可能滑入敌对陷阱。一方面，中美占有全球 GDP 总量的 40% 和增量的 60%。两国是继续保持正常交往，还是分道扬镳将极大地影响全球和平与发展态势。另一方面，尽管 40 年来中美已共处于同一世界体系，但两国体制性质殊异、体量接近的新现

---

① 赵可金：《从国际秩序到全球秩序：一种思想史的视角》，《国际政治研究》2016 年第 1 期，第 76 页。

象则使得双方矛盾与竞争面凸显。[①] 目前，中美关系进入一个十分痛苦甚至相当危险的磨合期，管理失控的风险增多。事实上，中美关系的变化主要是由于双方利益、力量对比发生客观调整后美方产生过激反应，陷于狭隘、偏执和非理性思维而不能自拔。当前最紧迫的任务是彼此给对方以恰当的身份定位，不仅要看现实，还要有历史观点；不仅要着眼两国关系，还要顾及双方对世界命运所必须承担的责任。从学者的观点看，我们可以考虑将未来中美关系定位为“负责任的竞争伙伴”。所谓“责任”是给出一个原则来框定双方行为，既要照顾彼此核心利益和安全底线，也应为保持世界稳定承担重要责任，对未来全球稳定与繁荣发挥锚定作用。“竞争”是客观地承认双方关系的“新常态”，强调其中性含义，从而有利于中方平等与美共同探索新的利益空间，构建新的关系规则。之所以最终落到“伙伴”一词，就是我们应根据实际对两国关系的定性做出相对弱化的表述，留出的相对充裕的解释空间更大些，美方就较易接受。无论怎么理解，“伙伴”总比“敌手”要好，竞争伙伴毕竟不会轻易“脱钩”。

第四，新行为体的兴起。新秩序的内涵与边界将极大地超出以往数百年来国际关系所覆盖的范畴，其重心将更多地落在市场、技术、资源开发与利用、生态环境和人类生存质量的平衡关系上。管控由新技术范式带来的社会风险，维护人类基本的存续及其道德底线，将成为 21 世纪世界秩序更替的主题。[②] 与此同时，尽管对国家保护责任的要求、定义将极大地延伸，却并不意味国家在与非国家行为者的竞争

① 达巍：《世界秩序的变局与中美关系的范式性转折》，载北京大学国际战略研究院编：《中国国际战略评论 2018》（下），北京：世界知识出版社 2019 年版，第 29 页。

② 任剑涛：《人工智能与公共拟制》，《当代美国评论》2019 年第 1 期，第 64 页。

中自然胜出。从这个意义上展望，21 世纪的世界秩序将不再是纯粹的国际秩序，更可能的是一种混合的社会共同体深嵌其中，[①] 其参与者、代表者将扩展到主权国家以外的超国家共同体、非国家行为体，甚至各类关键专家和知识群体。

第五，新的人际交往。新秩序将在持续的、大范围人口迁移中潜移默化。近 30 年来，知识经济、信息革命和管理创新高潮迭起，财富增加和技术成本下降使全球范围的人员流动更加便利，跨境旅游人数规模空前增多，有力地改变了世界商业、教育、宗教、文化的分布图景，甚至影响到民族国家人口结构、政治权力分配的变迁。“以世界主义者和自由市场扩张主义者为一方，以经典的排外主义者为另一方，他们之间的政策辩论占据着国内政治生活舞台的中央”。[②] 与此同时，战乱、贫困及财富效应所导致的难民、非法移民的规模达到新高，不断引发人道主义灾难，严重冲击相关国家内部稳定和相关地区的安全秩序。这些在 20 世纪初，甚至在冷战时代都无法想见的现象构成了一场历史性的迁移革命。[③] 面对原有的权力边界溃散，国家及其他行为体都必须经过不断的自我调适，最终拿出有效的应变方案。

第六，新的文化观念 [④]。新秩序前景还将取决于全球范围内安全

---

① ［澳］约瑟夫·A. 凯米莱里、吉米·福尔克：《主权的终结？——日趋“缩小”和“碎片化”的世界政治》（李东燕译），杭州：浙江人民出版社 2001 年版，第 307—308 页。

② 宋德星：《论国际移民问题的主流理论、观念分歧及政策焦点》，《国际展望》2017 年第 5 期，第 28 页。

③ ［美］莫伊塞斯·纳伊姆：《权力的终结》（王吉美、牛筱荫译），北京：中信出版社 2013 年 10 月版，第 71 页。

④ 宋德星：《论国际移民问题的主流理论、观念分歧及政策焦点》，《国际展望》2017 年第 5 期，第 28 页。

意识、道德观念、生活方式等的代际传承与转换。在信息自由、文化多元、去传统与追寻无限创新的大潮中，人类不仅获得进一步的精神解放，也造成自我否定的可能。今天，以非“常”的工作形态、价值取向和交流语言结成的诸多“新新人类”群体已非一国的孤立现象，其发展和对国际秩序的影响难以预见，而未来世界秩序的构成、演化过程则肯定难以将其排除在外。无论如何，新秩序终将是在对人本主义的不断回应中或疾或徐，或直接或间接地演进，其希望只能维系于人类对于工具理性和价值理性的平衡驾驭。

穿越历史透析中美之变*

——当前对两国关系的若干思考

章百家**

摘　要　本文运用历史与现实结合的方法分析中美关系的走向。全文分三部分。第一部分追溯19世纪中叶至今中美关系的演变，指出两国不同的社会制度、价值观念、地缘环境和国际地位变迁对双方关系的影响。第二部分总结中美交往的历史经验，主要阐释中美关系与世界的互动、中国的变革与美国的反应、中美博弈与互信之道。第三部分着重分析当前的中美矛盾，通过历史比较说明两国仍有避免零和博弈的可能，重塑中美关系需要耐心、智慧与创造力。

关键词　中美关系　历史经验　互动　博弈

中美关系被人们视为当今世界最重要的双边关系只是近十年的事情。“最重要”意味着中美关系的走向不仅影响两国各自的发展，也影响世界的未来。然而，最重要并不一定意味着良好，也可以有其他

---

* 本文收稿日期：2020年5月20日。

** 章百家，清华大学战略与安全研究中心学术委员会委员，原中共中央党史研究室副主任、研究员。

状态。如冷战时代美苏两个超级大国的对峙。

中美关系的下滑已经持续一段时间。几乎所有的观察家都认为，两国关系再不会回到从前。新冠疫情冲击下两国间裂痕迅速扩大更证实了这一判断。在面临重大转变之时，对中美关系的历史做一番梳理是必要的，或可为我们应对现在和将来提供一些启示。

在本文中，笔者准备探讨三个问题：第一，中美关系的脉络与两国差异；第二，中美关系演变的历史经验；第三，中美关系呼唤理性与智慧。

一、中美关系的脉络与两国差异

无论从历史角度还是现实角度看，中国和美国都是两个十分不同的国家。简单地说，中国是一个古老的新兴现代化国家，美国是一个年轻的老牌现代化国家。种种不同在有形或无形之中影响着双方彼此的认知、相互政策和两国关系的发展。追溯中美关系的历史，客观认识两国之间的差异，是理智地看待和处理两国关系的前提。

（一）中美关系极简史

从历史角度看，中美关系可以说是充满神奇变化的双边关系，其对世界的影响经历了一个缓慢而曲折的爬升过程。只需作一个扼要的回顾就可以看到，这里的故事在每个时代都很不一样。

在近代国际关系史上，中美关系有很长时间处于次要地位。只有当列强们在远东地区博弈时，人们才会偶尔注意到中美关系。虽然美国在 19 世纪下半叶加入西方列强的侵华行列，但热衷的是分享和攫取最惠国待遇，而非瓜分中国领土。美国于 19 世纪末提出“门户开放”。这与其说是对华政策，还不如说是对其同伙的奉劝。不过，在那个弱肉强食的时代，美国与其他列强的不同毕竟博得了部分中国人的好感。事实上，直到 20 世纪 30 年代，两国关系仍极为疏远，每一方都处于另一方外交政策的边缘地带。那时，所谓的“中美特殊关系”，其最特殊之处就在于双方都试图为未来保留机会。

1941 年年底太平洋战争爆发，中美迅速结为同盟。对此，双方都抱着极大的热情与期待。然而，这一同盟仅维持了短暂的四年，且期间矛盾和摩擦不断。第二次世界大战结束后，美国支持中国成为联合国五个常任理事国之一；但很快又以日本作为其在亚洲的主要盟友，当年这是中美矛盾不可忽视的一个方面。40 年代末，一连串事件造成了中美两国的长期敌对与隔绝。包括美苏冷战开始，中国内战以中共战胜国民党而结束，美国对新中国采取遏制和孤立政策，朝鲜战争爆发，美国支持国民党防守台湾打断中国统一进程，等等。

历史性的转折发生在 20 世纪 70 年代初。随着中美关系正常化大门的开启，中国重返联合国并与世界上绝大多数国家建立起外交关系。1979 年 1 月 1 日，中美正式建交。中国的改革开放也在这时踏上征程。此后 30 多年，中美关系不断发展，经贸往来迅速扩大，科技人文交流频繁，双方在安全领域和全球重大问题上都有所合作。中国把对美关系置于重中之重的地位。美国实施对华接触战略，认为中国进入由其设计主导的国际体系寻求发展不仅有利于全球力量的平衡和世界的稳定，也有助于中国内部发生变化。尽管两国不时有所摩擦甚至碰撞，但大都通过谈判加以解决。对于长期存在的一些矛盾如台湾问题，美方清楚地知道中方的立场和底线，行事谨慎；中国也充分展示了和平解决台湾问题的诚意和耐心。总的来看，这既是历史上中美关系最稳定的时期，也是双方从这一关系中获益最大的时期。改革开放和良好的中美关系加快了中国融入世界的过程。2010 年中国成为世界第二大经济体。大约从这时起，中美开始露出渐行渐远的迹象。不过，在奥巴马执政时期，两国仍能在一些重大的全球性问题上保持合作。

2017 年，特朗普上台执政。中国希望继续与美国保持合作关系，但美国对华政策发生重大变化。美国明确地将中国定义为“战略对手”和“竞争者”。此前中美关系浮现的各类问题，包括经贸摩擦、知识产权、科技脱钩，以及香港、台湾、南海问题等全部凸显出来。变局到来之快多少出人意料。2020 年年初以来，在新冠疫情的冲击下，原已逆转的中美关系加速下滑，两国官方关系几乎处于冻结的状态，民间相互反感的情绪前所未有。可以说，中美关系已面临着自 20 世纪 70 年代初中美关系正常化以来最严峻的局面。这个阶段将持续多长时间以及下滑的底线在哪里，目前尚难以预料。

（二）两国差异的魅惑

中美的接近或疏远并不能完全以两国利益的一致或相违来加以解释。观察中美交往的历史可以看到一个有趣的现象：距离产生美感，接近易生失望。

巨大的差异和多彩的不同，一方面在中美之间产生了一种特殊的吸引力，其中既有期待也有幻想；另一方面又使得双方在接触和交往之后难以相互理解，由此导致一连串的误解、矛盾、摩擦与冲突。美国人似乎有一个不变的“中国梦”，总想按照美国的模式来改造中国，并把中国看作一个商机无限、潜力巨大的市场。中国人则有一个多变的“美国梦”，当把美国视为老师和朋友时是美梦，看作敌人时则是噩梦。事实上，两国的相互政策多少都带着理想主义和现实主义成分，只是不同时期偏向不同。不过，美国现在似乎正在做着一个关于中国的前所未有的噩梦。

导致中美关系大起大落的原因很多，但中美差异在其中起着不可低估的作用。这种差异无疑是多方面的，包括历史、文化、宗教和传统，民族构成和人口数量，地缘和周边环境，社会政治经济制度和发展水平，国际地位的变迁，近代以来的经历和经验，等等。从两国交往的历史、现状和前景来看，以下四个方面的差异最值得重视。

首先，尽人皆知的是中美两国的社会制度（包括政治制度和经济制度等）不同。除两国的制度根植于各自的历史和文化传统之外，特别需要指出的是，自 20 世纪以来，中国的社会制度几乎一直处在不断变化之中。这种变化由革命和改革推动，剧烈而深刻。现行的中国特色社会主义制度虽已成形，但并不成熟，改革仍在继续。相比之下，美国的社会制度要稳定得多，立国二百多年只经过几次较为重大的修正。毫无疑问，在两个国家的交往中，社会制度不同会增加双方沟通和建立互信的成本。这也是为什么中美关系每前进一步都需要付出巨大的努力。

以历史眼光来看，中国的政权更迭和社会制度的变迁还带来另一个问题，即两国相互理解的过程是断裂的。中美两国处理相互事务的官员们，每一代人面对的情况和所要处理的问题很不一样，缺乏连贯和系统的知识积累和经验传承，无疑限制着双方交往向深入发展。直至今天，中美双方对于对方的制度和运作机制的理解仍然是肤浅的。

种种原因使得两国间一些原本可以化解的矛盾难于化解，对可能出现的风险缺乏准确预见和有效管控。当矛盾激化、互信消失时，社会制度的不同就会成为构建彼此敌意的最廉价的说辞。

其次，在中美两国的社会价值观念中存在着诸多差异。在人权方面，近代以来饱受战乱、灾荒和贫困的中国人更重视生存权和发展权，并习惯于将个人置于集体之中；而美国人将个体视为社会的基础，更看重个人的自由与权利。在对民主的理解和追求方面，中国人更重视通过不同意见之间的协商而达成一致；而美国人更看重不同意见的自由表达和投票。在对公权力的看法方面，中国人的传统是将公权力视为善，心怀敬意并托付各种责任；美国人则将公权力视为一种不可缺少的恶，一定要加以制衡和限制。这种深层次差异带来的不同在两国社会生活中随处可见。不过，需要看到的是，随着中国的现代化和社会变迁，这种差异又在不断缩小，尽管不会消失。

再次，中美虽然领土面积相仿，但由地理条件塑造的国家战略安全环境和对外行为模式很不一样。在世界各大国中，中国为众多邻国所环绕，是所谓的“四面八方国家”，周边环境最为复杂。中国古代建立的藩属制度以防御而非扩张为目的，弘扬国威的理念是“内圣而外王”。长久以来，中国人为处理周边关系耗费了大量精力，以致无暇去探索和了解更广袤的世界，只是西方列强的到来才迫使中国人去了解那些遥远的国度。近代以来，中国打破封闭与世界交往的步履艰难而缓慢。中国与各国包括一些近邻建立外交关系的过程直到 20 世纪 90 年代初才完结。至今，中国仍与一些邻国在领土主权和海洋权益上存有争端。相比之下，美国的周边环境十分简单，东西两侧为大西洋和太平洋，南北接壤的仅墨西哥和加拿大两国。得天独厚的地缘条件不仅为美国本土安全提供了屏障，也为其成就不同于老式殖民国家的海外霸业提供了便利。从国家战略安全的角度看，中美关系的好坏对双方都有重要影响，但地缘环境决定了它对中国的影响更为直接。何况，现在亚太地区的安全结构仍以美国为中心建立，实际是排斥中国的。

最后，在国际地位的变迁方面，中美两国的经历大相径庭。大致说来，从18世纪中叶至今二百余年，中国的国力从强盛到衰败再到急起直追，国际地位的变动呈现为一条U形曲线。新中国的独立自主和改革开放的辉煌成就极大地激发起中国人的民族自豪感和爱国热情。而美国自1776年独立之后的二百余年，国际地位持续攀升。至20世纪中叶，历经两次世界大战，美国终于坐上了全球头号强国的交椅，并主导了二战后国际秩序的重建，尽管那时尚有苏联与之分庭抗礼。又经过近半个世纪的对峙，苏联解体和冷战结束使得美国成为世界上独一无二的超级大国，无论“硬实力”还是“软实力”都是其他国家难以企及的。然而，现在美国很可能正面临着其国际地位在历史上的第一次下降。

上述差异对中美两国的观念和心态具有重要影响，双方在交往中都会情不自禁地依据自己的经验和价值观念去判断对方。

二、中美关系演变的历史经验

中美关系历经疏远、同盟、对抗、僵持、缓和、合作、摩擦等不同状况。如此丰富的历史一定蕴含着许多宝贵的经验教训。在两国关系前途未卜之时，对以往的经验教训加以总结或有助于双方开阔思路，避免两败俱伤的冲撞。分析历史上中美关系的起伏，有三方面的经验最值得重视。

（一）中美关系与充满互动的世界

中美关系从来不是简单的双边关系。认识中美关系的演变必须将其置于多边框架和全球视野之中，特别要注意中美双边关系与其他各种关系的联系与互动。

从以往的历史中可以看到两种不同情况。第一种情况是中美关系的变动主要受到来自第三方的因素影响。例如，20 世纪 30 年代至 40 年代，日本的侵略和扩张是促使中美逐渐接近的最重要因素；40 年代末至 70 年代初，美苏冷战、朝鲜战争和越南战争是造成中美对抗和僵持的主要原因；而中苏同盟的破裂、美国准备从越南撤出又为中美和解创造了前提。第二种情况是中美关系的变化牵动世界的诸多变化。例如，中美关系正常化的启动触发了中国重返联合国和众多国家同中国建交的浪潮，中美苏大三角关系和国际格局也随之改变。最重要的变化是连锁而来的，即中美关系的大幅改善为中国实现和平发展提供了宽松的外部环境，而中国的发展又极大地改变了世界经济的版图。当然，在具体历史过程中存在着各种各样的互动，绝不是一个时期仅有一种情况。

时过境迁。近年来引起中美关系逆转的不仅有双边因素，也混杂着世界的诸多变化。最近一波由高科技和信息化推动的经济全球化浪潮带来一系列新问题，包括资本的迅速流动，制造业快速转移和产业链的分散，人工智能取代部分传统就业，各国之间的竞争加剧，经济社会的不平等在各国内部和国家之间持续拉大，民粹主义、民族主义和种族主义兴起，等等。这些新问题使世界上黑天鹅事件不断，并导致了这一波经济全球化的退潮。可以说，全球性问题的多样性、复杂性和重要性已超过以往任何时代。

从中国与世界的关系来看，中国能实现和平发展主要受益于两点：一是融入了现存的国际体系，二是抓住了全球化的机遇。对于中国来说，有一个问题必须加深认识，即中国作为一个拥有近14亿人口的大国加入现代化行列，这在人类历史上是前所未有的，对现存世界体系所产生的冲击也是前所未有的。这种冲击虽有体制不同的因素在内，但主要是由中国速度和中国体量带来的。尤其要注意的是，由此产生的矛盾不仅存在于中美之间，也存在于中国与其他发达国家，甚至一些发展中国家之间。中国的发展的确是对世界的贡献，为各国也包括美国的发展带来了新机会，但同时，中国也必须正视由此而来的问题，并以积极的态度妥善加以解决。

现在，中美两国的经济总量已显著接近，在科技、军事、金融、外交等领域也呈竞争之势。在中美结构性矛盾日益突出的情况下，美国大幅调整对华政策实属必然。特朗普政府把中国定义为战略竞争对手，必定会将其对华方面的种种考虑贯穿到其对各国的政策之中，影响所及绝非仅限于中美双边关系。与此同时，中国应对的策略、中美关系与世界种种因素之间的互动也会更加频繁。各国包括美国的盟国在内必各有算计，不会轻易选边站。事实上，自冷战结束以来，各国外交均表现出比以往更大的独立性。对中国来说，应对美国对华政策的变动也不能仅从对美关系出发，而必须考虑外交的总体布局及对其他各方面的政策，特别要与人类命运共同体的理念和设想联系起来。从现在到将来，我们将会看到的是一幅中美关系与其他双边、多边关系复杂互动的图景。

（二）中国的变革与美国的反应

中国内部的变革是影响中美关系的重要因素。从历史角度看，中国内部的变革，既是内生的，又深受外部世界影响；既改变中国自身，也反过来广泛作用于外部世界。美国对中国内部变革的态度和反应因此成为两国互动和决定两国关系的一个重要方面。

一般来说，在中美关系演进的过程中，美国居于更主动的地位，这是由于两国综合国力不同，在国际体系中所处的地位不同。然而，在更深层次上，中美关系处于何种状况又取决于中国内部的状况。考察中美关系史就会发现，20 世纪中国内部发生的许多重大事件都对中美关系的演变具有深刻影响。例如，辛亥革命、大革命运动、抗日战争、国共矛盾和内战、中国革命胜利、中苏分裂、改革开放和经济现代化的起飞，等等。美国对这些重大事件的态度和反应，或观望，或插手，或反对，或支持，在很大程度上决定着中美关系的状况。需要强调的是，一个有如中国这样的大国不可能照搬任何外国模式，中国选择什么样的发展道路只能由中国国情和中国内部的力量决定，中国社会制度的改革与进步也有赖于中国人民的体验与实践。历史已表明，任何外国和外部势力对中国的影响终究是有限的。

相对于中国内部的发展，对中美关系来说影响更大的是双方对于世界前景的预期。这种预期不同寻常之处在于，中美两个大国都把彼此将要承担的角色置于其中。随着中国的崛起，在双方的预期中，中国所占的分量都越来越重，并且与中国的内部发展和外部行为紧密联系在一起。事实上，在各主要国家对世界前景的预期中，中国因素都在上升并更为敏感。在研讨中美关系时，人们十分在意两国利益的共同或相背；然而，对中美这样的大国来说，对世界前景的判断将在很大程度上决定着利益取舍。对世界前景的预期相同，两国开展合作便顺理成章；一旦对前景的预期出现分歧，双方相互政策的调整就会随之而来。如何在世界前景上求得共识，对于中美关系重回正轨，健康和稳定地发展格外重要。

（三）中美博弈与互信之道

中国有一句老话："不打不成交。"在某种意义上，中美两国正是通过对抗和对峙增进相互了解的，而最重要的就是认识到彼此的力量及其限度，即所谓"知己知彼"。如此，才能消除恐惧，达成互信。

一方政策强硬的时候，其内心往往有所恐惧。大国之间要消除恐惧，就必须了解彼此的力量及其限度。而一段时间的博弈正是建立互信的前提。例如，新中国成立后，中国长期担心美国的武装侵略，美国则担心新中国在亚洲实行共产主义扩张。这种相互的担心是造成两国长期对峙的重要原因之一。至 20 世纪 70 年代，中国看到美国连越战都打不赢，美国也看到中国因"文革"内部问题成堆，双方以往的担忧因而不复存在。这是中美关系得以缓和并开始改善的重要前提之一。

中美之间的战略博弈在历史上发生过多次，大多在中华人民共和国成立之后。在这种博弈中，处于强势的美方惯于采取极限施压的策略；而力量较弱的中方总是按照有理、有利、有节的原则进行斗争，做好应付最坏局面的准备，但从不主动挑衅，坚持后发制人。尽管中美之间的斗争有时非常尖锐，甚至动枪动炮；但必须看到，双方在斗争中都小心地保持着政策弹性，留有余地。因为，在这种斗争中，双方都看不到消灭或彻底击败对手的希望，目标是有限的。双方领导人心知肚明的是：中美两个大国不管怎么斗，或迟或早总要建立正常的外交关系。

在20世纪40年代中期至60年代末发生的许多事件中，都可以看到上述情况。例如，在中国内战中，美国采取“无条件支持蒋介石”的政策，但并没有直接卷入中国内战；中共坚决反美，但谨慎地避免与美军发生冲突。中美在朝鲜战争中兵戎相见，但杜鲁门决定不把战争扩大到中国境内。第二次炮击金门时，毛泽东十分在意不要伤及美国人。此后，当蒋介石企图反攻大陆时和美国在越南战争升级时，中美两国在没有正式外交关系的情况下利用华沙大使级谈判以及其他各种渠道实现了危机管理，避免再次陷入直接对抗。双方各自守住底线，这就为后来中美关系的转圜保留了机会。

中美建交后得以建立互信的基础是：两国综合国力相差悬殊，双方在安全领域互有需求，在经济领域由于发展水平不同而易于实现互补。这一互信能够维持30年之久还在于，中国遵循邓小平提出的“韬光养晦”“决不当头”的外交方针；美国希望中国成为世界体系中一个“负责任的利益攸关方”。此外，这一互信的维持还有赖于其他一些机制和因素，如：在危机时刻，两国领导层保持建设性沟通，不断发展的经济关系成为两国关系的压舱石，两国在面对共同的安全威胁和挑战时保持一致，包括全球金融稳定、气候变化、人道主义灾难、全球卫生和流行病及防止核扩散等。

现在，第一次出现美国把中国视为主要挑战者的恐惧。类似的恐惧在美国历史上出现过三次，二战时的德意日、冷战时的苏联、战后高速发展的日本。美国应对这几次挑战的经验和办法都会对现在的美国对华政策有所影响。看来，中美两国将通过一段时间博弈才能明了彼此的真实意图和力量的限度。

三、中美关系呼唤理性与智慧

中美出现结构性矛盾、进入某种程度的竞争状态，这是双方早晚要面对的现实。新冠疫情的发生和美国特朗普政府的诸般操作删除了原本应当存在的缓冲环节。既然中美关系不会回到从前，那就只有向前看。首先要看透当前的迷雾，然后才能面向未来。

（一）中美矛盾斗争的特点

从形势的发展来看，在中美即将或业已开始的这场竞争或博弈中，美国要维护的是其全球领导地位，中国要维护的是自身发展权。这两者之间的矛盾是中美两国的综合国力接近到一定程度才会发生。这场斗争的结局并非命定，而取决于双方的博弈。

美国特朗普政府把中国定义为战略竞争对手主要有三点原因：核心一点是认为中国的发展已对美国在全球的领导地位构成挑战，其他两点是对华接触战略已经失败、中国对现存国际体系来说是“修正主义国家”。以此为由，美方将两国间的经贸矛盾、高科技竞争以及 2020 年这次新冠疫情等都高度政治化，以作为打压中国的工具。

从中国的角度看，加快发展、实现中国特色社会主义现代化是中华民族的夙愿。但是，中国并没有取代美国全球领导地位的意愿，客观上也不具备这种实力。中国认为现存的国际秩序和国际治理体系确有需要改进之处，但这种改革只能是逐步的，需要各国之间的协商与合作。其实，与中国相比，美国现在的许多行为更像国际体系的“修正主义国家”。无论如何，当美国率先发起挑战时，中国已不能不挺身应战！

中美当前的这场斗争会不会发展成有如第二次世界大战之后美苏冷战那样的零和博弈？这是许多人的担心。应该说这种可能性是存在的。但深入分析就会发现当今世界与那时有诸多不同，中美避免一场零和博弈的可能性同样存在。

当前中美之争与当年美苏之争的不同主要在以下三个方面：首先，现在日趋紧迫的问题是世界秩序的改革与调整，而非二战后那样的重建。这一改革和调整需要中美两国和其他国家的共同参与。中美争斗而不是协商合作，无疑不利于这项任务的推进。其次，导致美苏冷战成为零和博弈的关键是政治制度和意识形态之争，战后殖民体系崩塌和大量新兴独立国家的出现为这场竞争提供了巨大市场。美苏双方都把对方视为一种邪恶的国际势力的代表而不是一个民族国家，失败就意味着包括物质和精神在内的整个生活方式的毁灭。而现在的情况绝非如此，所谓“中国模式”实际仅对一些发展中国家具有吸引力，而这种吸引力也主要源自中国实现了令人羡慕的经济增长。在意识形态方面，中国强调的主要是各国意识形态不同，反倒是美国更乐于输出自己的意识形态。最后，冷战造就了美、苏分别为首的两个世界经济体系，而现在中美共存于一个经济体系之中。两个平行经济体之间的博弈与同一经济体内部的博弈，从形式到内容都将有重大不同。

上述不同在客观上为中美避免零和博弈留下了空间，在这场斗争中，双方都有一定回旋余地。如果美国认识到，造成其全球影响力下降的既有自身内部的原因，也有对外政策的失误，而不是因为中国的挑战；如果中国认识到，维护自身发展权是这场对美斗争的主题，而不偏离这一主题，同时统筹国际国内两个大局，坚定地深化改革开放，以不断提高人民福祉为中心，那么，中美将可以避免走上大国争霸的老路，也可以做到竞争与合作同在，最终实现双赢。

中美之间虽有避免掉入零和博弈陷阱的可能，但这本身就是一场斗争，而且绝不轻松，特别对中国来说可谓形势严峻。从当前情况看，美国的设想主要是实现一定程度的“脱钩”，首先是在经济方面部分脱钩，重定贸易规则，以挤压中国在世界经济中所占份额，并借机利用各种问题从各个方面向中国施加压力。这一设想的内容部分正在实施，部分还在酝酿算计之中。中国虽希望尽量保持改革开放以来与美国各方面的联系，但部分脱钩特别是高科技领域的脱钩已是大概率事件。在极限施压的过程中，美国会步步加码。中国必须长期打算，首先要顶得住美国的压力，这是其他一切的前提。

从历史经验看，美国重大外交政策在发生明显变化之前，通常经过十年左右的酝酿准备；而一旦出台要再做大的调整，至少也需十年左右的时间。这次的特殊情况在于总统特朗普的个性和新冠疫情的突发使得美国对华新政策十分粗糙。今后一段时间，美国的政策方向已难改变，可能在策略上做出较大调整，在某些方面有所缓和，但总体会更严密、更严厉。只有经过一段时间的博弈之后，当美国认识到这一政策无法抑制中国的发展，且为此付出的代价得不偿失时，它才会改弦易辙。这台已经开场的大戏最令世人瞩目之处将是双方围绕各自的目标，在博弈过程中采取何种策略，以及又会怎样修正目标和调整策略。

（二）重塑中美关系需要耐心、智慧与创造力

改革开放使中国成为最引人瞩目的新兴大国，中国与外部世界的关系前所未有地紧密，也前所未有地复杂。中国正在经历一个外部环境趋紧的阶段，这是一个大国崛起的必经阶段。当前的中美关系便是这种状况的写照。

改革开放以来，中国外交观念发生的一个重大变化是，中国承认现存世界是多样化的，认为多样化世界的各个组成部分有矛盾斗争的一面，也还有互相依赖的一面。国家之间特别是大国之间，在处理一系列国际问题时存在着共同利益，需要进行合作，也可以进行合作。

客观地看，中国已成为国际关系中具有重要影响的变量，中外互动的模式也因此发生了重要变化。中国在分析国际形势、处理外交事务时，不仅要站在自身的角度看世界，还要学会纵览世界俯瞰中国。中国与他国交往时，需要习惯于倾听和换位思考。在阐述自己的对外政策和主张时不能一厢情愿，还必须体察对方的理解与心态。作为新兴大国，中国在发展过程中得到了包括美国在内的许多国家的支持，也还有许多方面需要向他国学习。因此，中国必须始终保持谦虚谨慎的态度，增加自身的透明度和亲和力，以互利、回报的心态争取广泛的国际合作。此时，最应避免的是自负的大国主义，它将对中国有百害而无一利。

前些年曾被热炒的中国何时取代美国其实是个伪命题。未来世界必将是多极多元的，绝非20世纪的翻版，现存的美国一超独大模式将难以再现。真正的问题是中美两个大国已经建立起广泛的联系，在许

多方面拥有共同利益，但又存在不同的体制和制度。两国在竞争条件下如何面向未来世界？还可不可以合作？这个问题不仅是对中美两国的挑战，也是对世界的挑战。改革与调整现存世界体系，建立各国普遍接受的规则和秩序，将是一场多方博弈，需要大量的磋商、谈判与合作。在这一过程中，中美两国要发挥建设性作用可以提出不同主张，但必须有所合作。

在中美关系发生重大变化之时，双方更需要保持冷静、克制与远见。首先，要有耐心，保持沟通和谈判以避免紧张关系不断升级；其次，如若不能，也要尽量避免陷入对抗；最后，无论双方关系处于何种状况，都要为转圜留下余地。美方尤须清醒认识，若以涉及中国核心利益的问题作筹码，将严重破坏两国关系的基础。在处理相互关系时也不能忘记两国国情有很大差异，仍须不断加深彼此的了解。这既是为了避免和减少误判，也是为了制定和采取更行之有效的政策。当今世界，零和博弈只会两败俱伤。

塑造适合时代需要的中美关系需要耐心和智慧，需要有打破常规的勇气。在中美关系正常化进程中、在中美关系发展过程中，有许多这样的案例。应对当前中美关系的困局，构筑面向未来的中美关系，需要更多的智慧、更大的创造性。中国和美国作为世界上的两个伟大国家，应该具有超越过往历史的洞察和能力。

新冠病毒疫情冲击下的世界和中美关系*

——为“后疫情时期”的博弈做准备

安　刚**

摘　要　新型冠状病毒疫情改变全球议程，对包括经济全球化形态、世界格局、大国关系在内的国际形势产生深远影响。中美虽在疫情期间保持功能性合作，但彼此关系恶化趋势没有逆转，相反，相互敌意持续增强。随着美国国内疫情的深化和2020年美国大选进程的推进，特朗普政府锁定推责中国的策略，摆出彻底孤立、隔绝中国的架势。对华竞争是美国既定战略。后疫情时期，中美各自以压倒性综合优势领先于其他主要力量的态势更加明显，彼此之间的博弈争斗也会更加直接，前景不容乐观。中国需直面更严峻的挑战，以更加积极主动的姿态塑造全面、完整、合理而非情绪化的对美战略新框架，避免非传统的全球危机与传统的大国战略竞争相结合可能产生的恶果。

关键词　后疫情时期　国际秩序　全球合作　中美竞争与博弈　制度之争　推责　对美战略新框架

---

* 本文收稿日期：2020年4月15日，修回日期：2020年5月8日。

** 安刚，清华大学战略与安全研究中心客座研究员、《世界知识》杂志编辑。

一、新冠疫情对国际秩序构成全方位冲击

席卷世界的新型冠状病毒疫情终将过去，无非两种结果：一种是病毒面对人类抗争自行退去，另一种是新冠病毒成为与人类长期共存的“伙伴”。不管怎样，世界终是要恢复运转的，只不过那个恢复运转的世界将不同于疫情暴发前我们已经赋予过多阴暗预期的世界。在付出惨重代价后，重新运转的世界将是一个“低正常运转的世界”。

第一，经济全球化的基本形态随病毒变异而变异。一方面，疫情使各国更深刻意识到世界是个命运共同体，在危机和挑战面前没有哪个国家可以独善其身，必须加强相互理解和合作；另一方面，各国也看到了全球化的脆弱性以及过度依赖供应链上某一环节的巨大风险，看到了国际治理与协调机制的低效、内耗与失能，有可能更多依靠单边主义和小型区域协同，各自寻找、实施供应“替代”或至少供应后备的行为也将更加活跃。由需求端疲弱引发的原油市场暴跌无疑是与疫情并发的世界经济“灾害”，其与疫情相叠加所将开启的“长探底”之影响绝不会仅限于能源、经济、货币领域，也将延伸至地缘政治和国际关系范畴。全球多边主义的失灵和失活在短时间内难以逆转，如果各国之间设立的临时壁垒常态化，将从根本上改变全球体系内各种环流的基本走向。尽管全球体系的整体框架和贸易关系的基本联系将会继续保持，但经济全球化内的“部落化”趋势可能无法回避。

第二，大国相互防范与戒虑情绪更深。与 2008 年爆发的国际金融

危机相比，此次疫情没有促成明显的大国合作声势。至少在前、中期，基本上是各国各自为战、画地为牢，世界卫生组织艰难地发挥着疫情评级、行动呼吁、政策协调的功能，但效果很不理想。大国在各自防疫抗疫过程中相互指责、抹黑，社交媒体展开骂战，战略竞争延伸到制度层面和公共卫生领域，中国举国体制下的防疫抗疫努力受到以美国为首的西方不公平对待和扩大化指摘，美国指称中国与俄罗斯联手发起针对美欧的“虚假信息攻势”（disinformation campaign），[①] 政治和道德偏好成为大国关系重组和彼此竞争升级的重要动力。战略层面，美国在中国和全球疫情吃紧时没有停歇部署遏制中国“统一战线”、打压华为公司、诋毁中国政治制度、推动中美实质“脱钩”的步伐，继续通过与塔利班达成和平协议等推进把全球战略重心从中东—欧洲一线移至印太地区，以推进集中精力防范、遏制中国的调整。中美之间尽管就防疫维持着功能性合作，但日积月累形成的不信任和偏见、误解借由新冠病毒更加深入骨髓，2020 年的疫情记忆成为两国关系乃至中国与西方关系的历史负资产。

第三，“制度之争”在国际关系中的分量进一步加重。始于特朗普上任初期的中美博弈进行到第三年，已经带有“制度之争”的色彩，这次防疫更在两国话语和实操层面直接演变成一场哪种政治体制和社会动员模式更能有效应对挑战的“竞赛”，事实上，疫情对全球所有制度形态都是一次“大考”。更大范围内讲，这次疫情像一面镜子，照出各国在政治调试、社会治理、信息透明、危机管控、伦理道德、人文水准、创新水平等方面的优劣势和长短项，不管政治家和媒

① Julian E. Barnes, Matthew Rosenberg, Edward Wong, “As Virus Spreads, China and Russia See Openings for Disinformation,” *The New York Times*, March 28, 2020.

体工具如何评价，人们对实效看在眼里明在心中。如果两种制度能转化成各自取长补短的动能，也算人类进步福音了，然而政治和思想观念的顽固与惯性往往超出人们预料，美西方是无论如何不能容忍中国做得比它们好的，因此更加极尽所能地污名化中国抗疫努力。可以预见，国际政治中意识形态的撕裂和对立将在疫情中程度不断深化，对不同行为体国际话语和行为方式的塑造力会更加直接。

传染性疾病本来就是谣言、私利、恐慌、猜疑和不信任情绪的最佳温床，这次疫情期间更是在传播层面表现出“后真相时代”的基本特征。[①] 众多新媒体、自媒体出于政治和商业目的，大量制作迎合受众情绪和心理的褊狭信息，使用断言、猜测、感觉等表达方式，强化、极化某些特定观点，很多受众选择性相信符合自己价值观的现实，捡拾碎片组成符合事实全貌的力量则十分虚弱，这种不平衡的传播态势严重阻碍了科学判断、冷静倡议、理性合作的通行。特别是在中美之间，围绕病毒来源的各种阴谋论大行其道，两国均把矛头指向对方，尽管有违科学常识漏洞百出，仍信者甚众。疫情之后，人们恐将生活在一个官方舆论场与民间舆论场更加撕裂、民间舆论场更加分化、东西方舆论场更加尖锐对立的世界上，话语权重的重新配置是历史必然。

第四，一些国家内部的保守化倾向更加明显。在美国，疫情与2020年大选“撞车”，且已导致市场动荡，特朗普本来比较稳固的选情因承受经济下滑和应对疫情不力的双重压力而出现变数，民主

① “后真相”（Post-truth）曾被《牛津英语词典》选作2016年年度词汇。牛津词典将“后真相”定义为“诉诸情感及个人信念，相较于客观事实更能影响民意”。“后真相时代”即在这个时代，真相变得次要。人们不再相信真相，只相信感觉。

党亦措手不及，两党皆需调整议程、路线和策略，重新布局选战。在日本，应对“钻石公主”号游轮疫情的失误和对流行趋势判断的“奥运偏差”[①] 打击了安倍政权的声望，也影响到拟议中的修宪进程。在韩国，因宗教团体聚集而意外大暴发的疫情将这个国家推入“非常战争”状态，打乱所有内外计划，甚至影响到军队战斗力，但文在寅政府抗疫努力卓有成效，挽回人心，扭转乾坤，其所在的共同民主党在4月16日举行的第21届国会选举中大获全胜，“超级执政党”再现。接下来，文在寅政府必须妥善应对经济下滑和在野保守势力的反扑。在朝鲜，卫生防疫体系的薄弱性促使金正恩政权只能采取关闭国境、停止对外交往的极端措施寻求自保，同时出于自我安全上的考虑，采取主动发射火箭飞行器等行动震慑韩美，[②] 有可能在拥核道路上重新逞强，以迫使美国在大选期间同其达成部分解除制裁换取部分弃核的交易。在伊朗，疫情从高层向底层蔓延，一度构成一场关乎国家信用和政权稳定性的危机，也牵动着中东地缘政治的张弛。在欧洲，疫情造成的影响不仅是在防疫需要与公民自由发生冲撞这样的表层问题上，更随着多国社会逐渐停摆，进一步揭开了民粹主义、种族矛盾、难民流入、社会分配不公等问题的盖子，使欧洲的内部失衡和分裂危机更加深重，自由主义退潮趋势更加明显。疫后，这些国家的政府都不同程度面临执政能力与路线的检视，政局变动值得关注。

---

① 新冠病毒疫情发生后，基于传染病对策的成功经验（指日本在2003年的SARS和2009年的全球流感应对中表现良好），以及担心日本暴发疫情会使东京奥运会取消或延期，日本政府一度出现认为“新冠病毒不会在日本流行”的认知偏差。

② 综合朝中社、韩联社报道，朝鲜先后于3月2日、3月9日、3月21日、3月29日三次自陆上向其东部海域发射各两枚、三枚、两枚、两枚短程导弹或“不明飞行物”。4月14日，朝鲜向其东部海域发射多枚短程导弹。此外，朝鲜国防科学院于3月底对交付人民军的“新型超大型多管火箭炮”进行了发射试验并“取得成功”。

第五，从更长远角度看，这场疫情甚至有可能改变国际格局。中国最早暴发疫情，在举国动员、高度组织化运转之下自然也最早控制住疫情。而中国以外的全球疫情蔓延时间差的存在对中国重整旗鼓非常重要。一方面，"中国模式"的长处在世界面前得到验证，向外输出防疫公共产品、影响全球公共安全治理改革方向的能力得到提升；另一方面，自身产能逐步恢复，向世界展示了充足的经济韧性、供应端组织力、劳动力可靠性以及产业结构和创新体制调整空间，不仅绝地反击遏制了供应链多元化转移的趋势，甚至在部分领域占据更多份额。如果排除政治和战略考量，这次疫情之后国际社会固然意识到过度依赖供应链某一环节的风险性，但也在可靠性方面应对中国投下信任票。中国已是全球供应链上的重要枢纽，全球产能不大可能从中国轻易移出。中国如果把握得当，历经自我涤荡之后有望在许多产品方面成为全球市场更加稳定和主流的供应者。

但中国也将在疫情之后面临自己的问题，除了前述部分国家将谋求战略物资生产链条离自己更近之外，主要是疫后重建、刺激经济的任务并不比其他国家轻，将会在更长时期内聚焦国内改革、复苏和发展，也将不得不面对来自深受创伤的西方国家的更深怨恨和恐惧情绪，它们抱团遏制中国发展、抵制中国"影响力输出"的一面将会更加明显。也就是说，中国崛起的内外环境都更趋复杂，将会走上一条相当艰险的路。同时，国际社会众多成员也更加意识到，中国的发展道路和治理模式有着深厚的历史文化背景、独特的政治基础和广阔的战略纵深，不仅是它们学不来、抄不得的，反而，其有效性对它们的政治体制、行政效率而言构成一面持久的"镜子"，复杂心态作用下，它们对中国"敬而远之"的心态将比较普遍，我们在世界上的话语构建将面临更大阻力。

当中国坚持自身特色发展道路的合理性进一步得到国际认同、全球性大国地位进一步奠定之时，美国的线性衰落轨迹更加明显。美国在此次疫情中固然享受了科技基础雄厚、医疗条件优渥、提早获知信息等便利，并率先切断与中国湖北省的交通联系并减少了中美之间的人员流量，在应对疫情上取得一些成效；但在后半程防疫中暴露出的诊断标准模糊、检测能力有限、应急处置缓慢等问题十分严重，党争私利干扰防疫表现得更加充分，引发市场恐慌。美国将自奥巴马执政后期积累起来的“经济刺激红利”悉数吐回，并且或将率领全球步入20世纪二三十年代以来最严重的大衰退甚至大萧条。最具讽刺意味的是，特朗普政府执政以来四面出击强势打压的经济隔离、贸易保护主义政策在此次疫情期间受到“反噬”，面对各国防疫物资出口禁令不得不紧急增列关税豁免，在国际社会面前丢脸至极，在国际上的道义孤立进一步加深。

美国在疫情中的表现再次印证，其自身政治、社会、经济顽疾和“美国优先”的现实主义私利至上政策综合作用形成的负效应，继续拖曳着美国的硬、软两方面实力滑落，身上的光环正在消退。美国指望通过对手国家在天灾人祸中沉沦而挽回自己的衰颓之势，这既不切实际也有违道德，所反映的恰恰是美国自身思维和发展形态的异化。这种异化目前还看不到反思的痕迹，终将成为埋葬所谓“美国时代”霸权的铁锹。

疫情之后的国际格局，将是多极化进一步固化的趋势。“后疫情时期”的世界，中美各自以压倒性综合优势领先于其他主要力量的态势更加明显，彼此之间的博弈争斗也会更加直接。其他多极和各方在各自的低潮中共存、恢复和发展，彼此之间既合作又竞争，与中美两强的关系游移重组，但力避选边站队。在这样的态势下，现行国际体系将受到更大运行压力，但中美都不能承受体系直接分裂所产生的代价，各自的实力、政策和外交理念也都无法支撑各自领着一群盟友或伙伴与对方领导的体系相竞争、相对抗。美国处在战略收缩期，非常计较战略竞争的成本代价，在其拒绝承担过多领导责任和财政成本的情况下，其盟友或伙伴也不会倾情配合其重新卷入一场体系性对抗。

二、中美关系在新冠疫情期间继续恶化

冷战结束后，还未有一场全球性事件像新冠疫情这样如此“鞭辟入里”地影响到如此之多国家的内政、外交，深入地改变全球议程。从事态的紧迫性和对经济社会生活的直接影响度来说，它比2001年的“9·11事件”和2008年的国际金融危机还要具有广泛、直接的冲击力，且正在改变我们习以为常的世界。这种改变并不是突然发生的，而是多种变化因素在各自轨道上和交互空间里积能蓄势，以新冠疫情这样的“灰犀牛”事件以及后续的石油价格暴跌这样的“黑天鹅”事件为突破口和临界点，层层传导、链式反应，综合影响喷薄而出并强加给全人类的，也即“渐渐积累，直到突然”（Gradually and Suddenly）暴发。它需要国际社会充分行动起来，以各自的、区域的和全球的力量汇溪成河，尽量恢复、维护全球秩序和全球市场的稳定性、整合力，同时以人类命运共同体的意识适应新变化、发现新机会、抓住新风口，在新的常态基础上创造新的全球增长与合

作范式，改革进而搭建新的能有效应对人类共同挑战的全球治理机制体制。

没有中美两国的相互谅解与合作，上述目标是不可能实现的。然而，自奥巴马执政后期以来，中美关系已经在相当长一段时间内持续螺旋下滑，彼此信任快速消耗，共同利益基础不断削弱，互利合作逐渐松弛，甚至已经侵蚀到多年来有力支撑着两国关系发展的社会和民意基础。导致这种下滑的根源性问题，是中国不断发展壮大，内外利益形态和行为方式发生变化，让以维护一超霸权地位为全球战略唯一要旨的美国看在眼里、急在心上，逐渐形成国内共识，加紧调整对外战略，逐步聚焦大国竞争，最终由奉行“美国优先”理念的特朗普政府在其首份《美国国家安全战略报告》中将中国确定为首要的“战略竞争者”,[①]并采取挑起激烈经贸摩擦、推动中美产业和科技“脱钩”、防务层面实施“印太战略”并构建美日印澳四国菱形协作体系、有针对性地加强对华军事部署、提升美台实质关系、为两国正常人员往来设置更高门槛、不断通过反华遏华立法、在国际上构筑将中国排斥在外的多边贸易圈层等措施，引发中方在战略判断和实务应对层面的强烈反应，形成“行动—反应—再行动”的恶性循环，将中美关系带入战略竞争的新时期、新常态。

一段时间来，中美关系的不断下滑，就其形态而言本质上是一种“漂流”——从过去以对话合作为主、斗争摩擦为次的关系形态，转向一边开展功能性合作，一边围绕双方核心和重大利益进行激烈博弈的状态，当下这个时期斗争博弈明显压倒协调合作，而且还在全方位

① The White House, *National Security Strategy of United States of America*, December 2017, https://www.whitehouse.gov/wp-content/uploads/2017/12/NSS-Final-12-18-2017-0905-2. pdf.

升级蔓延。中美这场博弈的核心内涵在中方看来，是捍卫在现行国际体系内发展崛起的权利和空间，在美方看来是维护其全球领导地位和霸权基础，两者具有不可调和的矛盾，但也存在利益协调和重新配置的余地。中美关系体量巨大，相互利益纠葛极为广泛和深入，不可能在短时间内完成转轨，双方都在通过博弈试探彼此关系的边界和底线。这种“漂流”存在两种可能的前景：一种是，如果中美双方对话得法、协调得当、管控得力，有望找到新的平衡点，确立一种在现有国际体系和经济全球化平台上和平共存的模式，步入良性竞争轨道，在竞争中合作、合作中竞争；另一种是，坠入“修昔底德陷阱”，彼此全面缠斗、恶性竞争，甚至爆发激烈冲突，最终两败俱伤，把世界共同带入“黑暗时代”。

目前看来，不管承认与否、愿意与否，“修昔底德陷阱”就在那里等着中美两国。2018 年下半年爆发的中美经贸摩擦把两国关系的下滑带入“快轨”，其负面影响全方位扩展。如果这场摩擦不加管控和遏制，将加速中美全面“脱钩”之势，两国坠入“修昔底德陷阱”不可避免。好在经过较长时间的打打谈谈、谈谈打打，中美于 2020 年 1 月初签署了第一阶段经贸协议，这是两国高层在认清了各自和对方实力与底线后共同做出的必然选择，虽是临时和局部性的，但其内容之丰富、规定之详细仍超出人们预期，对中美关系过快下滑之势起到了“踩刹车”的作用，反映了双方都不希望彻底破裂的态度。然而没过一个月，新冠疫情暴发了。人们本来对在跨国传染病防治方面各有经验和优势的中美合作抗疫抱有希望，两国相关专业机构间确实开展着功能性合作,[①]美国商界、非政府组织、华人捐赠的物资也曾大量进入中国,[②]但形势发展的事实结果是,随着疫情向“全球大流行病”升级,中美因信息披露、撤侨封关、援助提供、美方在战略和政治上按部就班的压制中国行为以及一些人的种族主义言论而不断发生摩擦,相互厌憎情绪和政治信任赤字持续扩大,彼此关系重新开始恶化。这一趋势与中国和日本之间借疫情期间的相互同情与支持,特别是两国关系通过“口罩外交”得到改善截然相反。具体而言,中美围绕疫情本身产生的摩擦分几个阶段演进。

第一阶段,美方对中国国内疫情暴发的初期反应激起中方不满。美国在国际上率先从武汉撤侨,率先采取断航、限制中国人入境等措施,在世界上起了很坏的带头作用。白宫声称支持中国抗疫,但政府层面的援助口惠实不至。美国商务部长罗斯 2020 年 1 月 30 日在接受访谈时说中国疫情“有助于”加速工作机会回流美国。美国国务卿蓬佩奥、国防部长埃斯珀、众议长佩洛西等人 2 月在出访中亚、欧洲、非洲和出席慕尼黑安全会议时极力游说,拉受访国与美国站在一起形成统一或协调的对华战略,重点压盟友拒用华为 5G。[③]一些美国政客和媒体大肆制造丑化、歪曲中方防疫抗疫工作的舆论。美方的这些言行被中方认定是“乘人之危”“落井下石”,[④]严重损害了中方同美方

---

① 《美国专家越洋连线钟南山：35 年从业经历中没遇到过这样的情况》，央视新闻，2020 年 3 月 27 日，http://m.news.cctv.com/2020/03/27/ARTIl88qJ6qiivIgNgXe2Nxh200327.shtml。（检索时间：2020 年 4 月 6 日）

② 《2020 年 2 月 5 日外交部发言人华春莹主持网上例行记者会》，外交部网站，2020 年 2 月 5 日，https://www.fmprc.gov.cn/web/wjdt_674879/fyrbt_674889/t1740789.shtml。（检索时间：2020 年 4 月 6 日）

③ 《美方政治偏见误己害人》，《人民日报》2020 年 3 月 23 日，第 3 版。

④ 《美方政治偏见误己害人》，《人民日报》2020 年 3 月 23 日，第 3 版。

开展防疫合作并改善中美关系的客观条件和积极性。

第二阶段，美国国内疫情暴发并失控后，特朗普政府为转嫁防疫不力、管理虚弱的责任，并且出于保选情的考虑，借力中国外交部发言人赵立坚发推特称“可能是美军把疫情带到了武汉”事件，[①]改口将新冠病毒叫作“中国病毒”，向中国“甩锅”。中方实施的反击策略有效对冲了美方的进攻和污蔑，白宫认定中俄联手发起一场“栽赃”美国的信息战。[②]

第三阶段，经双方外交互动，包括相互交涉、中国驻美大使崔天凯接受美国媒体访谈，[③]以及精英群体喊话，激烈摩擦开始得到控制。总统特朗普公开表示放弃使用“中国病毒”提法，副总统彭斯表示中国的透明度“比过去好多了”，还向美国华社释放了安抚信号。急转弯是一些因素共同促成的。一是中方实现了以非对称方式发起一次“舆论奇袭”的目标，在某种程度和某个时段意义上变被动为主动；二是疫情在美国多地暴发，全面改写美国的国内议程，甚至对大选选情造成冲击，特朗普政府必须全力应对，争取用不太长的时间控制住疫情、恢复社会活力，而离开中国的配合这一目标无法实现；三是右翼污名化、种族化新冠病毒的做法违反人伦与科学，在美国内遭抵制，卫生防疫和科研专业机构拒绝配合，民主党集体抗议，共

---

① Ben Westcott and Steven Jiang, “Chinese diplomat promotes conspiracy theory that US military brought coronavirus to Wuhan,” CNN, March 14, 2020, https://edition.cnn.com/2020/03/13/asia/china-coronavirus-us-lijian-zhao-intl-hnk/index.html.（检索时间：2020 年 5 月 6 日）

② John H., Arney, “Trump Says U.S. Will Help Italy With Medical Supplies, Hospitals,” April 11, 2020, https://www.bloomberg.com/news/articles/2020-04-11/trump-says-u-s-will-help-italy-with-medical-supplies-hospitals.（检索时间：2020 年 5 月 6 日）

③ 《崔天凯大使接受 AXIOS 和 HBO 采访实录》，中国驻美大使馆官网，2020 年 3 月 23 日，http://www.china-embassy.org/chn/zmgx/t1759545.htm。（检索时间：2020 年 4 月 6 日）

和党内部也有很多人反对，西方七国集团盟友亦不支持，而与中国争吵不休只会在美国内激起更大一波对特朗普应对疫情失当的质疑和抨击。

第四阶段，中美双方以彼此心照不宣的方式给两国关系因疫情而进一步恶化的趋势轻点“刹车”，使得全球合作抗击疫情希望的重燃。3 月 26 日，二十国集团（G20）特别视频峰会在主席国沙特倡议下召开，对主要经济体合作领导全球对抗危机的模式进行了再确认。3 月 27 日，习近平主席应约与特朗普总统通电话，双方明确表示将开展防疫抗疫合作。①

然而，事情发展至此，并没有扭转中美关系的恶化趋势。随着美国国内疫情的深化和 2020 年美国大选进程的推进，特朗普政府进一步锁定推责中国的策略，对华舆论战继续升级。特朗普、蓬佩奥、纳瓦罗等政要亲自披挂上阵，官方指引路径、规范说辞，国会启动疫情全面调查，个别共和党州检察部门发起针对中国的索赔诉讼，美方还大力游说盟友对华调查追责，摆出彻底孤立、隔绝中国的架势。

与疫情及中美围绕疫情发生的摩擦并行的，是中美在传统领域内矛盾的继续演化、深化。

第一，美方继续在南海和台湾问题上挑战中国主权安全和战略忍耐力。美军舰机针对中国进行抵近侦察和穿越南海的频率不降反升。据美国“飞机守望”（Aircraft Spots）网站统计，仅在 3 月 23 日“罗斯福”号航母在发现疫情后的不到两周时间里，美军对中国沿海尤其

① 《习近平同美国总统特朗普通电话》，外交部网站，2020 年 3 月 27 日，https://www.fmprc.gov.cn/web/zyxw/t1762304.shtml。（检索时间：2020 年 4 月 6 日）

是南海方向有据可查的侦察飞行就有 6 次。[1]台海方向，2 月初接待台“副总统”当选人、民进党的赖清德访美；2 月 12 日，美军派出三架飞机绕台巡航（似是对 2 月 9 日、10 日中国人民解放军多架战机绕台飞行的回应）；2 月 15 日，美海军一艘作战舰由北向南穿行台湾海峡（这是美舰 2020 年第二次穿台海，第一次由导弹巡洋舰“夏洛”号在 1 月 17 日进行）。对于美方危害中国主权安全的行径，中国军事力量没有也不可能因国内集中抗疫就放松捍卫国家主权安全的姿态。除近海正常巡航外，2 月 18 日，由四艘军舰组成的中国海军编队穿越国际日期变更线，在夏威夷附近国际海域举行远海训练。凡此种种，还只是公开报道可查询的，实际情况不一而足。

第二，美方特别是国会继续采取干涉中国内政的立法行动，1 月底，众院审议通过“2019 年西藏政策及支持法案”。另据中国媒体报道，蓬佩奥在访问中亚时也在利用所谓“新疆问题”挑拨中亚国家与中国的关系，煽动、扶植非政府组织从事反华活动。还有消息称，在国会推动下，美方已在运作禁止本国企业从新疆进口棉花原料。3 月初，国会众院通过“2019 年台北法案”并由特朗普于 3 月 25 日也即二十国集团峰会前一天签署，该法支持台湾维持与“现有邦交国”关系并以会员、观察员身份参与国际组织活动。随着美国国会、地方州

---

① 据飞行守望推特统计，至 2020 年 3 月 31 日美军中国沿海的飞行记录如下：3. 25, US Navy EP-3E 157318 callsign JV193 operating in the South China Sea near Taiwan; 3. 26, US Navy EP-3E 159893 callsign UC504 operating over the South China Sea; 3. 26, USAF B-52Hs MOCHA01 & 02 executed a flight to the East China Sea (near Taiwan) from Andersen AFB, Guam; 3. 27, USAF RC-135U 64-14847 CRONY94 operating in the South China Sea; 3. 27, US Navy EP-3E 159893 callsign AK473 also operating in the South China Sea; 3. 31, US Navy EP-3E 157318 callsign SW427 conducted a mission over the Yellow Sea & East China Sea. US Navy P-3C 161587 callsign CJ823 operating over the South China Sea, https://twitter.com/AircraftSpots。

和部分非政府组织疫情调查追责行动的展开，未来一个时期中美两国司法斗争将进入焦灼状态。

第三，美方挑起的互限新闻记者事件轮番升级。该事件与疫情本无直接关联，但最终与双方因疫情产生的摩擦纠缠到一起。起因是特朗普政府在对华竞争战略驱动下，担忧中国官方宣传渗透美国政治，决定将中国五大新闻机构当作“外国使团”看待。疫情在中国发生后，《华尔街日报》发表题为《中国是真正“亚洲病夫”》的评论，[①]刺激了中国的痛苦民族记忆，中方在该报拒绝道歉的情况下收回其三名驻华记者的记者证以示惩戒。随后，美国务院宣布限制中国五大新闻机构驻美工作人员总数，从 160 人下调至 100 人。作为反制，中方出台对等措施，包括要求五家美国媒体驻华分社提交申报材料、年底前记者证到期的美籍记者限期交还记者证，今后不得在包括香港、澳门在内的中国领土上从事记者工作等。美方认为中方反制措施“不对等”，[②]正研究是否以及如何进一步做反应。在外界看来，这重现了冷战式的大国循环报复模式。

第四，经贸领域落实第一阶段协议的工作艰难推进。中国 2 月 14 日起调整对原产美国约 750 亿美元进口商品的加征关税措施，2 月 21 日公布第二批对美加征关税商品第一次排除清单。[③]美国农业部和美国

---

① 《〈华尔街日报〉刊文妄称中国是“真正的亚洲病夫”外交部：已提出严正交涉》，新华网，2020 年 2 月 10 日，http://www.xinhuanet.com/politics/2020-02/10/c_1125555252.htm。（检索时间：2020 年 4 月 6 日）

② 《2020 年 3 月 20 日外交部发言人耿爽主持例行记者会》，外交部网站，2020 年 3 月 20 日，https://www.fmprc.gov.cn/web/wjdt_674879/fyrbt_674889/t1758730.shtml。（检索时间：2020 年 4 月 6 日）

③ 《国务院关税税则委员会关于调整对原产于美国的部分进口商品加征关税措施的公告》，http://gss.mof.gov.cn/gzdt/zhengcefabu/202002/t20200206_3466540.htm；《国务院关税税则委员会关于第二批对美加征关税商品第一次排除清单的公告》，财政部网站，2020 年 2 月 21 日，http://jx.mof.gov.cn/xxgk/zhengcefagui/202003/t20200313_3482272.htm。（检索时间：2020 年 4 月 6 日）

贸易代表处承认，美中在实施第一阶段贸易协议中与农业相关的条款方面取得了进展，有助于美国对华出口牛肉、家禽和其他农产品的措施得到确认，“中方正朝着正确方向前进”。但随着疫情的全球化，中国的购买需求和全球海运明显受到抑制，美方开始担忧中国落实第一阶段协议的能力，何时开启第二阶段经贸谈判的议论也在华盛顿时有出现。与此同时，美国各生产行业正按政府要求重新评估供应链。疫情期间美国内有人推动禁止向中国出售大型干线飞机发动机，但被特朗普叫停。《瓦森纳协议》42 国决定将对华出口管制范围扩大到可转为军用的半导体制造材料及网络软件，[①] 美方还酝酿进一步收紧对华为半导体供应中的美国技术占比限制。

一国的战略思维深受其战略文化影响。中美两国的战略文化存在显著差异。美国的战略文化逐利且短视，到特朗普任上就更加实用主义，其既定战略议程不会因对手内部发生的问题而轻易改变。中国的战略文化对“道”和“义”的强调自古有之，近代以来更因长期处于劣势和守势而心理敏感。当中国发生内部危机，外部对手继续挑起摩擦而不加收敛，中国对对手行为的敌意判断会成倍放大，日后的回击也会具备更多“道德合法性”。形势发展表明，特朗普政府和美国右翼按部就班继续推进其聚焦竞争的对华战略调整及相关国内国际动员，甚至有利用中国的暂时困难扩大己方有利条件的冲动，中美双方均无意放松相互博弈，两国关系继续在“行动—反应—再行动”的恶性循环里螺旋向下。

① 《美日等 42 国加强半导体基板技术出口管制，防止外流到中国》，观察者网，2020 年 2 月 26 日，https://www.guancha.cn/industry-science/2020_02_26_538451.shtml。（检索时间：2020 年 4 月 6 日）。

"中美关系站在新的十字路口"，这样的判断在两年前美国国内涉华战略大讨论正酣时，双方战略界就反复提及。[①]现在，中美关系这辆"滑车"似已开过"十字路口"，驶上通往恶性竞争、全面冲突的单行道。在战略共识失散、经贸合作失能、热点协调失焦、人文交往失势、两国国内形势均发生重大变化的年代，中美关系的动力真空远非公共卫生合作这样的领域可以填补，并非一两起提供合作机会的突发事件所能扭转。

三、积极应对"后疫情时期"中美关系更严峻形势

新冠疫情本是搁置传统歧见凝聚全人类共识的机会，真正有能力独立举国抗疫并组织全球防线的只有中美这样的大国，然而中美关系的表现证明，其性质和状态远不足以支撑后疫情时期所需要的全球合作和协调。在美方内部，存在推动中美合作抗疫的紧迫意识，但其立意是即便像美苏那样的冷战敌手，当年也是开展了防治天花的实际合作的，防疫合作并不影响美国继续对中国实施遏制战略。[②]新冠疫情固然终会消散，但它提示的一个问题却是长期性的，终需中美两国做出

---

① 比如，《崔天凯大使出席"美中关系四十周年"研讨会并发表主旨演讲》，中华人民共和国驻美利坚合众国大使馆官网，2019 年 10 月 29 日，http://www. china-embassy. org/chn/zmgx/t1711636. htm；《徐学渊公使在"纪念中美建交 40 周年论坛"上的致辞》，中华人民共和国驻美利坚合众国大使馆官网，2019 年 6 月 5 日，http://www. china-embassy. org/chn/sgzhichuang/t1669703. htm；《葛来仪：在中美关系的十字路口，未来可能出现的三种景象是什么?》，钝角网，2019 年 1 月 18 日，http://www. dunjiaodu. com/top/2019-01-18/4108. html；《中美站在十字路口，双边关系期待"再出发"——"纪念中美建交 40 周年"研讨会综述》，上海市美国问题研究所，2019 年 1 月 1 日，http://www. uscnpm. com/model_ item. html?action=view&table=article&id=17688。

② "Saving Lives in America, China, and Around the World," Asia Society, April 3, 2020, https://asiasociety. org/center-us-china-relations/saving-lives-america-china-and-around-world.

回答，那就是：这一关系是否还能否实现两国元首商定的稳定、协调、合作基调？目前看，几大因素困扰着它的前景。

第一，两国已陷入近乎冷战式的意识形态斗争。尽管双方战略界都尽量避免将中美竞争归结于“制度之争”，但在现实操作中这样的意识日益深刻地影响着两国决策层和战略学界的思维。在美方很多人看来，中国的崛起已在威胁美国的价值号召力，中国模式在维护自身可持续发展和应对公共安全危机方面所取得的成功已能向其他发展中国家提供可替代“华盛顿共识”的选项，这对美国的全球领导力来说是根本性的挑战。在中方很多人看来，美国从来没有放弃颠覆中国社会主义制度的企图，近来特朗普政府的涉华话语更是将中国共产党和中国人民分开、对立起来，因此对美斗争仍是关乎政治合法性的根本性问题。这场疫情中，中国的制度优势与美国的制度弊端均得到彰显，政治自信一升一降，这在过去中美关系演变进程中还是很少见的，美国的对华敏感心态因此将更为深重，制度对立成分将在两国关系中更加凸显。

第二，民众情绪中的敌意成分日益增多。这次疫情期间，双方自媒体和部分影响力人物围绕病毒到底从何而来、哪里才是疫源地、谁该为疫情全球失控负主要责任等问题针对对方发表了大量缺乏科学依据的“甩锅式”言论，对民意产生了极大的塑造作用。与此同时，美国民众深受病毒扩散之害，将失去亲人、身受病痛、丢掉工作、丧失社交自由的“切肤之痛”迁怒于中国和华人的心态十分普遍和严重，两国民间骂战在社交媒体上不断升级，相互愤恨、怨怼的情绪一时成为主流，中国和美国在对方国家民众心目中的形象急剧下坠，而这在疫情发生之前已现苗头，[1]现在社会基本面对对方的认知和感受发生转折，给两国关系留下绵延且严重的“后遗症”。如果说冷战结束后中美关系的发展失去了战略动力，从奥巴马执政后半段起渐失物质动力，那么现在正在发生的事开始抽去其精神动力。

第三，美国反华敌对势力攻击中国有了“新抓手”。根据美国媒体披露的白宫在中美话语摩擦最激烈时刻对华发起舆论反攻的基本指导方针，其要求各部门按统一口径指责中国作为“疫源地”在前期防疫中掩盖事实、压制数据、拖延反应、放人出境，导致国际社会总体应对延迟，要求中国为疫情全球扩散负主要责任。这轮舆论反攻所依托的推断事实上已经主导了美国舆论的涉华基调。已有右翼分子如班农在鼓动、串联追责中国运动，有国会议员酝酿发起相关议案，加利福尼亚等州出现了律师调查、网上签名行动。此外，中国在美人员在中国疫情暴发前期扫光美国市场上口罩库存寄回国内，一些中国网民对美国疫情幸灾乐祸冷嘲热讽，个别华人和中国国内商贩在疫情期间囤积居奇、拒接美国订单……这类现象经一些别有用心的人和媒体放大，在美国国内产生极坏影响，甚至波及华人在美国的生活、工作处境。

疫后，围绕此疫针对中国的“调查”“追责”压力可能长期存在，焦点是病毒源头、实验室安全、中方通报信息的可靠性、中共与世卫组织关系、中俄信息战，等等，即便很多是民间自发的，也不时干扰

① 美国皮尤研究中心2020年3月3日至29日对1000名美国民众的调查显示，现在约有三分之二（66%）的人表示对中国持负面态度，这是自该中心于2005年开始提出该问题以来的最负面评价，2017年持负面态度的比例为47%。有62%的民众认为中国的实力和影响力是一个主要威胁。共和党人整体上相比民主党人更为担心中国力量。分别有72%的共和党人和62%的民主党人对华持负面态度。

两国关系正常议程，不断毒化中美交往正常氛围。我们面临的最大挑战可能是过程而非结果，因为无论哪种路径，有关司法审议和质证都会旷日持久，给我国带来长期的名誉负担和道德压力。或许，把我国长期放在舆论和道德审判席上，不断“毁誉”中国，才是美国右翼势力极力炒作“追责”问题的真实目的。

第四，在疫情实际“演练”中进一步扩大的“脱钩”之势，存在发展成系统性“脱钩”的可能。部分国会议员已提出决议案，要求减少重要医疗物资及相关供应链对中国的依赖。不排除特朗普政府利用启动《国防生产法案》之机，通过行政举措引导甚至强迫部分产业调整生产和经营活动，加速相关产业的中美“脱钩”。如果说特朗普上台后推动的“脱钩”主要是政治意志，没有按经济规律行事，美众多企业也无法找到供应链上的“中国替代”，那么此次疫情期间美国国内各行各业普遍切身感受到了供应链过于狭窄、长距所带来的“危害”，疫后反对“脱钩”的声音将明显减弱。不仅如此，疫情所导致的全球化活力下降、美国经济持续衰退、本土就业机会大量丧失，也会从客观上加速“脱钩”。中美之间推动“脱钩”的能量是如此具体，主舞台是数字、网络领域和部分制造业。疫情期间发生的瑞幸咖啡虚假交易曝光事件也在刺激美国国会加速出台公平法案，从而可能导致中美资本市场“脱钩”趋势加剧。而如新冠病毒与人类长期为“伴”，国与国之间重新筑高的藩篱持续存在，一场更深层次、更大范围的全球产业链、供应链重组将不可避免，最终必将在中美关系中有更深、更广体现。

第五，对华竞争是美国既定战略，以更加主动的斗争精神应对美国的战略调整是中国外交的变动方向，“针尖对麦芒”式的相互调整决定了未来中美战略互动将更为紧张。疫情在美军内部也发生扩散，影响其在亚太的部署力和战斗力，[①] 也使其对中国军队在亚太和全球层面的活动更为敏感。美方尤惧中国借美国深陷内部危机在世界上“填补真空”，与美国争夺“全球领导力”。

面对美国全球战略重新聚焦大国竞争的历史性调整，伴随近年两国间的激烈摩擦，中国也已开启重审和调整对美战略的进程，越来越多的人“丢掉幻想，准备斗争”。[②]新冠疫情期间，美方言行对中方的心理冲击是实实在在的，不可避免地加速中国对美战略的讨论和调整进程。面对美国咄咄逼人的攻势和中国国内共识的趋于形成，新的对美战略即将揭开面纱。

第六，第三方因素对中美关系走向的影响更加直接。疫情过后，全球体系、国际秩序的活跃调整也将拉开大幕，世界各国在疫情当中无一幸免，他们也将全面参与调整。这其中，各自调整与中美两强的关系将是非常重要的内容之一。国际社会大多数成员不愿在中美之间选边站队，但都会重新审视中美两国的国际地位、价值结构和全球枢纽作用以及对己攸关，进而重置、平衡与中美两国的关系。决定他们最终政策取向的除了市场机会、合作回报、政治红利，还有价值认同、安全附着、心理恐惧。俄罗斯、东盟和众多亚非拉发展中国家将加强对中国的借重，与中国开展更紧密的战略协作。日本、印度、越

---

① 3月25日，美国国防部长埃斯珀颁布为期60天的禁令，禁止所有美国军人、文职人员及海外军人家属的行动，后又延长至6月30日，致美军与亚太盟友的多项联合演训计划被取消或推迟。在亚太十分活跃的美军太平洋舰队所属“里根”号、“罗斯福”号、“尼米兹”号、“卡尔·文森”号航母均现疫情。美国国内至少150个军事基地出现感染病例。美军太平洋舰队及印太总部的情况尤为严重，疫情已波及珍珠港、关岛、圣迭戈、横须贺、横田、厚木、嘉手纳等几乎所有印太前沿基地。美军驻非洲莱蒙尼尔基地也进入紧急状态。

② 秦川：《丢掉幻想准备斗争》，《光明日报》2019年5月21日，第2版。

南等国将在继续修复与中国政治关系的同时与美国加强安全合作，更加强调在两强夹缝中的平衡术。欧盟的首要任务是竭力挽回内部一体化颓势，对外一方面减少对中国的经济依赖，另一方面减少对美国的安全依赖，其争作世界“第三极”的愿望将成泡影。加拿大、澳大利亚这样的“中间力量国家”，将在“重新发现西方”[①] 的旗号下，以务实方式寻找自己的利益和位置。

新冠疫情是战后世界史、人类文明史的重大分水岭，它开启的不仅是新的经济全球化运作方式、新的全球治理模式，也是新的大国关系态势、新的国际格局走向、新的文明自省与形塑，具体怎么样还需要继续观察，现在还不能得出清晰的结论。

中美关系走向是贯穿“后疫情时期”国际形势变化各条线索中的最重要脉络之一，也是几乎所有疫后国际关系形态变化的集中反映，疫情之前就已濒于“新冷战”“准冷战”状态，疫情发生后就更坐实了这种状态，其前景不容乐观。我们最需要警醒的一点是，美国对华战略调整的全国动员在疫情之前就已全面展开，右翼依托刺激中方做出反应的办法来进行这种动员，疫情对特朗普政府和美国右翼来说是“非传统的珍珠港事件”，美国已经不需要再进行一场对华竞争战略调整的动员，动员近乎完成了，这才是摆在中美关系面前的真正危险。

但也要看到，中美在疫情中的互动也表明，两国关系的对话渠道、管理机制、功能性合作平台仍在起作用，双方内部也都存在不小的抵制零和模式、遏制极端行为的力量，都在积极研究、学习历史经验教训并赋予其新形势下的实操意义，都试图在持续不断的博弈中找

① *Munich Security Report 2020*, Westlessness, https://securityconference.org/assets/user_upload/MunichSecurityReport2020.pdf.

到处理彼此关系的范式和边界。换言之，就算滑过了选择的“十字路口”，从“路口”到坠入“修昔底德陷阱”的“悬崖”边上还有一段距离，双方可以设立一些“关卡”，阻止中美关系失控而成为“脱缰野马”。

这次疫情提醒我们，中美在广泛领域仍存在共同利益，在过去双方反复确认的应对传统安全和非传统安全挑战方面，合作需要没有减少，包括攻克各类疾病提升人类健康水平、防范应对国际金融风险、处理地区热点问题、防止大规模杀伤性武器扩散和确保核安全、打击跨国犯罪、应对气候变化、治理全球污染，等等。在网络安全、外太空治理、人工智能研发应用等新兴领域，双方竞争关系的发展也不能完全掩盖协调合作的必要性。新冠疫情较之二战后历次全球安全危机有其独特性，因为病毒不分种族国界意识形态制度模式，对每个人构成均等威胁。这本是一次搁置传统歧见、凝聚全人类共识的天赐良机，而真正有能力独立抗疫并组织全球防线的只有中美这样的大国。然而疫情期间，美国不仅不愿也无力承担组织、领导全球抗疫的责任，还挑起中美“口水战”，发起一场政治化、污名化中国抗疫的运动，迫使中国发起“绝地反击”。直到疫情全球暴发，大国仍在相互攻击，在全球公共安全危机的同时也生成了一场全球领导力危机，令国际社会深感失望。鉴于疫情长期化的趋势，中美有必要超越制度差异和利益分歧，超越竞争心理和零和思维，把防疫抗疫合作当作两国在双边和全球层面协调合作的常设议题来抓，也为两国关系运行提供一支新的稳定剂。只有中美在各领域围绕疫情协调出两国均能接受的行动框架，世界才有希望拥有一套行之有效的指导原则。

与此同时，中国需要直面更险峻的形势，以更加积极主动的姿态塑造全面、完整、合理而非情绪化的对美战略新框架。为此，需要发挥首脑外交、高层战略对话和各领域各层级专业磋商的作用，建立健全与全球性大国关系重要性相匹配的互动管道。跳出宣传功能引导下的话语冲突模式，克制单纯寻求建立压倒对方优势的冲动，尝试以更加积极主动的姿态进行军控等领域的对峙或互限，争取发展出一套共存共处的高水平行为规范。控制战略竞争的强度和烈度，在硬实力上形成核常兼备的战略威慑态势，在软实力方面积极参与国际战略稳定新框架的搭建，避免恶性军备竞赛，实现“危机稳定性”,①为中美关系提供新“基石”。坚持正常的经贸、科技、人文交流，控制“脱钩”趋势，守护中美关系的互利交融面，即便在总体关系非正常状态下也不能中断，相反越是在紧张状态和危机时刻中越要发挥上述举措的作用。我们也要使自己的对美舆论应对更加精细化，把美国少数政客同需要争取的人民群众和友华力量分开来，把美官方抹黑中国的言行同大多数公众基于信息不全和认知狭隘而发表的言论区分开来，斗争一小撮，争取一大片。也有必要把第三方国家的角色尽量定义为中美共同的朋友而非敌人，越是当美国在全球性责任面前犹疑退让之时，中国越应与欧盟、东盟等第三方国家携手，在全球议题上构建合力，不断提升全球治理的整体性和协同性。

美国在今后相当长时期内仍将是在诸多领域拥有优势的世界强国，是中国不得不在战略上打交道的主要对手和在众多实际领域开展合作的重要对象。中国新时期的对美战略应以习近平外交思想为指导，争取依据两国元首在2018年阿根廷布宜诺斯艾利斯会晤、2019

① 互为对手的双方在彼此关系发生危机时，能通过已建立的联系渠道控制、化解危机，使双边关系能用较短时间平复到危机前状态。

年日本大阪会晤中达成的共识锁定协调、合作、稳定的基调。但这种关系状态不是乞求来的，不是不讲原则一味合作换来的，而是既要确立战略自信，发扬斗争精神，也需与自身实力相匹配，讲究斗争艺术，通过积极有为、聪明克制的博弈争取来的。总之，“后疫情时期”，我们需要争取稳定推进中美关系的和平转型，避免非传统的全球危机与传统的大国战略竞争相结合所可能产生的恶果。构建“人类命运共同体”是大势，无论是中国还是美国，抑或自身行为深受中美关系影响的第三方力量，都有必要把目光投向更为广阔的时间和空间，具备更多的人类视角。

《斯匹次卑尔根群岛条约》百年回顾：法律争议、政治博弈与中国北极权益维护*

白佳玉　张璐**

摘　要　近年来，全球气候变暖使得北极冰川融化加速，北极潜在的价值凸显，成为世界各国关注的热点地区，各国纷纷将敏锐的“触角”延伸到北极地区。但是，北极因其独特的地理位置和地缘政治环境，非北极国家参与北极地区的开发与利用存在障碍。1920 年缔结的《斯匹次卑尔根群岛条约》使斯匹次卑尔根群岛（挪威基于其国内法《斯瓦尔巴法案》，自 1925 年起将斯匹次卑尔根群岛又称为斯瓦尔巴群岛）成为非北极国家参与北极地区开发利用的一个例外。《斯匹次卑尔根群岛条约》承认挪威对斯瓦尔巴群岛拥有主权的同时，也赋予各缔约国在斯瓦尔巴地区进行和平开发与利用的活动的权利。《斯匹次卑尔根群岛条约》签订至今已

* 本文为国家社会科学基金“新时代海洋强国建设”重大研究专项“海洋命运共同体视角下的中国海洋权益维护研究”（项目编号：19VHQ009）的子课题“以海洋命运共同体理念指导海洋争端解决”以及自然资源部项目“斯匹次卑尔根群岛利用的法律与政策研究”的阶段性成果。挪威又将斯匹次卑尔根群岛称为斯瓦尔巴群岛。

** 白佳玉，中国海洋大学法学院教授；张璐，中国海洋大学法学院国际法学研究生。

历经百年，但是有关斯瓦尔巴群岛以及该条约的争议从未消失。进入21世纪以来，北极地区的开发与利用日益受到世界各国关注，而斯瓦尔巴群岛因其独特的法律地位以及处于北极地区的地理位置，更加受到国际社会的关注。中国作为北极事务的利益攸关方和《斯匹次卑尔根群岛条约》签约国，对北极事务治理极为关切，斯瓦尔巴群岛将是中国参与北极事务治理的新的桥梁。

关键词　《斯匹次卑尔根群岛条约》　斯瓦尔巴群岛　北极开发与利用　中国北极权益　国际海洋法

斯瓦尔巴群岛（The Svalbard Archipelago）位于北冰洋，在巴伦支海和格陵兰海之间，由西斯匹次卑尔根岛、东北地岛、埃季岛、巴伦支岛等组成。1596年，荷兰探险家威廉·巴伦支（Willem Barents）发现了斯瓦尔巴群岛，遂使斯瓦尔巴群岛为世人所知。斯瓦尔巴群岛被发现以后，因岛上丰富的动物资源和煤炭资源吸引了来自美国、英国、挪威、荷兰、俄国等国的探险者和商人进行频繁的资源开发。斯瓦尔巴群岛在第一次世界大战之前的很长一段时间内，一直被认定为“无主地”。丰富的自然资源以及“无主地”的法律地位无疑使得斯瓦尔巴群岛的政治、经济价值和对挪威等国的吸引力攀升，致使在签订《斯匹次卑尔根群岛条约》之前，斯瓦尔巴群岛的主权归属游移不定。在对斯瓦尔巴群岛主权之争的长期拉锯战中，各国在斯瓦尔巴群岛的利益纠纷愈演愈烈。

这场主权归属拉锯战的转折点发生在第一次世界大战后召开的巴黎和会上。1919年，斯匹次卑尔根群岛委员会在巴黎和会上通过决议，承认挪威对斯匹次卑尔根群岛拥有主权。1920年美国、法国等原始缔约国在巴黎签订了《斯匹次卑尔根群岛条约》。条约签订后，挪威于1925年发布《斯瓦尔巴法案》，确立了挪威对斯瓦尔巴群岛的主权，并规定挪威的民法、刑法和诉讼法等在斯瓦尔巴群岛同样适用。基于《斯瓦尔巴法案》的规定，引入了“斯瓦尔巴群岛”一词，自此，挪威用“斯瓦尔巴群岛”这一名称取代了“斯匹次卑尔根群岛”。1920年签订的《斯匹次卑尔根群岛条约》也被称为《斯瓦尔巴条约》，而昔日的“斯匹次卑尔根”则更多地被用来称谓斯瓦尔巴群岛的主岛。《斯匹次卑尔根群岛条约》的签订，结束了斯瓦尔巴群岛的“无主地”状态，确立了挪威对斯瓦尔巴群岛的主权，也赋予了其他缔约国平等开发、利用斯瓦尔巴群岛的自由和权利，并且该地区“永远不能为战争目的所利用”。① 1925年，中国也签署了《斯匹次卑尔根群岛条约》。本文依据中华人民共和国国务院新闻办公室2018年1月26日发表的《中国的北极政策》白皮书，统称条约为《斯匹次卑尔根群岛条约》。②

一、《斯匹次卑尔根群岛条约》确立的基本制度

《斯匹次卑尔根群岛条约》在赋予挪威拥有斯瓦尔巴群岛主权的

① 《斯匹次卑尔根群岛条约》在序言中指出，在承认挪威对包括熊岛在内的斯瓦尔巴群岛的主权的同时，在该地区建立一种公平制度，以确保该地区发展和和平利用。《斯匹次卑尔根群岛条约》第九条规定：在遵守挪威加入国际联盟所产生的权利和义务的前提下，挪威承诺不在第一条规定的领土上建立或允许建立任何海军基地，并且在上述领土上不建立任何防御工事，该地区永远不会用于战争目的。

② 《中国的北极政策》白皮书（全文），国务院新闻办公室网站，2018年1月26日，http://www.scio.gov.cn/zfbps/32832/document/1618203/1618203.htm。

同时，赋予《斯匹次卑尔根群岛条约》缔约国在斯瓦尔巴群岛自由、平等地进行开发利用的各项权利，这些权利构成《斯匹次卑尔根群岛条约》项下的基本制度。

（一）关于挪威主权的规定

《斯匹次卑尔根群岛条约》赋予挪威享有斯瓦尔巴群岛的主权，并通过《斯匹次卑尔根群岛条约》第一条对地理范围进行了规定。[①] 依据条约的规定，挪威对斯瓦尔巴群岛享有主权的范围包括东经10°—35°、北纬74°—81°之间的所有岛屿。在条约文本中只提及岛屿，没有提及斯瓦尔巴群岛的有关水域，但是在条约的条款中提及缔约国在群岛的领水内享有权利。《斯匹次卑尔根群岛条约》明确规定将斯瓦尔巴群岛的主权赋予挪威，使原本的主权竞争者俄罗斯、丹麦、荷兰、瑞典等国退出了斯瓦尔巴群岛的主权竞争，让挪威成为主权的唯一合法拥有者。[②]

（二）关于挪威管辖权的规定

根据《斯匹次卑尔根群岛条约》的规定，斯瓦尔巴群岛的主权归属挪威，因此，挪威有权在斯瓦尔巴群岛制定法律法规并开展相应的

---

① 《斯匹次卑尔根群岛条约》第一条规定：缔约方承诺在不违反本条约规定的前提下，承认挪威对斯瓦尔巴群岛的完全和绝对主权，包括位于东经10°—35°、北纬74°—81°之间的所有岛屿，尤其是西斯匹次卑尔根岛、东北地岛、巴伦支岛、埃季岛、希望岛和查理王岛以及所有附属的大小岛屿和附属的岩石暗礁。

② 李任远：《〈斯瓦尔巴条约〉对斯瓦尔巴群岛法律地位的影响研究》，《重庆理工大学学报（社会科学版）》2019年第33卷，第7期，第108页。

执法活动，[①] 挪威基于斯瓦尔巴群岛的主权对其享有管辖权。虽然《斯匹次卑尔根群岛条约》规定挪威的管辖活动受到条约目的和宗旨的限制，要平等地、不歧视地适用于所有缔约国，但却未明确规定挪威行使管辖权的限度，以及这种管辖权的行使对其他缔约国在《斯匹次卑尔根群岛条约》规定区域内行使权利所产生的影响。随着挪威主张的海洋区域的扩大，[②] 针对挪威的管辖权是否能够延伸到其他海洋区域就产生了争议。挪威认为，《斯匹次卑尔根群岛条约》中并没有提及领海以外的区域，因此，《斯匹次卑尔根群岛条约》的相关规定并不适用于条约并未提及的海洋区域，[③] 挪威享有这些海洋区域的专属权利，包括管辖权。

（三）关于自由通行制度的规定

《斯匹次卑尔根群岛条约》第三条对缔约国的自由通行权进行了规定：所有缔约国的国民，不论出于何种原因或目的，均享有平等自由进出条约第一条所指领土的水域、峡湾和港口的权利。

《斯匹次卑尔根群岛条约》关于自由通行制度的规定对于各缔约国来说都是平等适用的，不能包含歧视性因素。各缔约国公民自由通行的范围是条约第一条涉及领土的水域、峡湾和港口。其中，在港口的自由通行包括船舶停泊和上下客货，这也就表明各缔约国拥有在斯

---

① 挪威有权采取或公布适当的措施，以保证在条约规定的领域内和领水内保护并在必要时恢复动物和植物资源，但此项措施应当一律适用于所有缔约国的国民，对任何缔约国一方不得给予间接或直接的豁免、特权和优惠待遇。

② 1920年，挪威主张从沿岸各岛屿和海湾的低潮线为起点拥有4海里领海。2003年6月27日，挪威颁布《挪威领海与毗连区第57号法令》，规定挪威领海延长至12海里。

③ Torbjørn Pedersen, "Denmark's Policies Toward the Svalbard Area," *Ocean Development & International Law*, Vol. 40, No. 4, 2009, p. 322.

瓦尔巴群岛港口的自由停泊权。[①]

（四）关于进行矿业和渔业等经济活动的规定

挪威承诺在斯瓦尔巴群岛制定采矿法规，平等地适用于所有缔约国及其国民。《斯匹次卑尔根群岛条约》第二条规定，所有缔约方的船舶和国民在第一条规定的领土及其领水中均享有捕鱼和狩猎的权利。《斯匹次卑尔根群岛条约》第三条规定，在遵守当地法律和法规的前提下，缔约国国民可以在绝对平等的基础上进行所有海洋、工业、矿业和商业活动。由此可见，《斯匹次卑尔根群岛条约》不仅承认各缔约国享有斯瓦尔巴群岛的各项经济性权利，更对这些经济性权利给予了平等和自由的保障。但是，各缔约国在享有依据条约获得的平等自由的经济权利的同时，也要受到作为斯瓦尔巴群岛主权国家挪威制定的法律和法规的约束。

（五）关于进行科学考察和研究的规定

《斯匹次卑尔根群岛条约》第五条规定，缔约国可以通过缔结公约的方式，规定在斯瓦尔巴群岛从事科学考察和研究需要的条件。《斯匹次卑尔根群岛条约》没有对有关科学考察研究活动的具体事项做出规定，也没有明确说明各缔约国在斯瓦尔巴群岛进行科学考察和研究，是否能够像进行经济性活动或者和自由通行制度一样地自由与平等地进行。科学研究和考察活动是斯瓦尔巴群岛除经济性活动以外最主要的活动之一，但是《斯匹次卑尔根群岛条约》对此并没有做出

① 卢芳华：《斯瓦尔巴地区法律制度研究》，北京：社会科学文献出版社 2017 年版，第 68 页。

明确的安排，而是将其模糊化为“缔约国可以通过缔结公约的方式”进行探讨和做出规定，这为缔约国在斯瓦尔巴群岛从事科学考察和研究活动留下了争议空间。

（六）关于非军事化的规定

《斯匹次卑尔根群岛条约》第九条规定，在不损害挪威加入国际联盟所产生的权利和义务的前提下，挪威承诺不在第一条规定的区域建立或允许建立任何军事基地，并且不在上述区域建立任何防御工事，该地域绝不用于军事目的。该条规定斯瓦尔巴群岛用于和平目的，和平目的不仅应包括非军事化还应当包括非战争目的的任何行为。《斯匹次卑尔根群岛条约》签订本身就是各缔约国对斯瓦尔巴群岛利益和权利的相互妥协，并为此在斯瓦尔巴群岛建立起挪威和其他缔约国相互平衡的“公平制度”，即挪威享有斯瓦尔巴群岛的主权，其他缔约国享有在斯瓦尔巴群岛自由平等进行开发和利用的权利。“公平制度”之所以能够平衡挪威与其他缔约国之间的利益，就在于这个制度是蕴含和平利用宗旨下的缔约国利益的相互妥协。因此，非军事化是《斯匹次卑尔根群岛条约》和平利用宗旨的具体体现。

二、《斯匹次卑尔根群岛条约》制度现状下的法律争议与政治博弈

《斯匹次卑尔根群岛条约》签订之后，随着国际海洋法的不断发展以及国际形势的变化，挪威在《斯匹次卑尔根群岛条约》项下的基

本制度适用也随之出现了新的状况。这些新状况不仅引起了一些新的争议，其背后的地缘政治博弈值得特别关注。

（一）斯瓦尔巴群岛渔业保护区制度

挪威于 1977 年颁布《斯瓦尔巴渔业保护区条例》，宣布在斯瓦尔巴群岛周围建立 200 海里渔业保护区，以保护和管理海洋生物资源，希望以此避免其他利益相关方对挪威权利主张的潜在挑战。[①]

随着渔业保护区的建立，挪威对斯瓦尔巴群岛毗邻海域管辖权的范围随之扩大。挪威宣布在渔业保护区内根据 1977 年之前十年内的捕捞记录，赋予部分国家捕鱼权。截至 2016 年，挪威已经对斯瓦尔巴群岛的渔业发布了配额和工作量等不同的法规，并且针对斯瓦尔巴群岛领海和斯瓦尔巴群岛周围的渔业保护区，制定并发布了详细和统一的捕捞规则。除此之外，挪威派遣海岸警卫队在斯瓦尔巴群岛领海内进行渔业相关的限制和执行措施。[②] 渔业保护区建立以后，引发了各国的争议。挪威迫于压力，承诺渔业保护区在限定捕捞配额的基础上向部分国家开放，并实行无歧视原则的管理。即便如此，近年来，随着斯瓦尔巴群岛周围海域渔业资源经济利益的增加，关于斯瓦尔巴群岛渔业保护区的争端层出不穷。挪威于 2015 年颁布了一项除非获得挪威政府颁发的许可证，否则禁止在挪威大陆架区域捕捞雪蟹

---

① 1977 年 6 月 3 日，挪威通过颁布《斯瓦尔巴渔业保护区条例》，宣布在斯瓦尔巴群岛附近水域建立区别于专属经济区的渔业保护区。在此之前，挪威于 1976 年 12 月颁布关于《挪威经济区法令》，主张建立 200 海里的专属经济区，其中也包括斯瓦尔巴群岛海域。这一举动引起《斯匹次卑尔根群岛条约》部分缔约国以及一些利益相关国对在斯瓦尔巴群岛及其海域权益的担忧。

② Norwegian Ministry of Justice and Public Security, *Meld. St. 32 (2015–2016) Svalbard*, https://www.regjeringen.no/no/dokumenter/meld.-st.-32-20152016/id 2499962/sec1.

的禁令。[①] 但是，挪威实际上仅将许可证颁发给了本国渔民。挪威的这一举动引起了欧盟极大的不满。2016 年，欧盟通知挪威，欧盟委员会已向部分欧盟捕捞船只发放了在斯瓦尔巴特群岛周围捕捞雪蟹的许可证。这导致了挪威的抗议，挪威渔业部部长表示，“我们不会放弃一只螃蟹”。[②] 欧盟则声称，欧盟船只与挪威船只一样享有在斯瓦尔巴海域捕捞雪蟹的权利，挪威政府区分挪威渔船和外国渔船的行为违反了《斯匹次卑尔根群岛条约》。[③] 2017 年，欧盟决定对在巴伦支海斯瓦尔巴群岛海域颁发捕捞雪蟹许可证，尽管欧盟在这片水域没有管辖权，也没有颁发许可证的权利。挪威认为，欧盟在斯瓦尔巴群岛水域颁发捕捞雪蟹许可证是为了更加广泛地获取北极资源。[④]

欧盟虽然不是《斯匹次卑尔根群岛条约》的缔约方，但是欧盟成员国中的大部分国家是《斯匹次卑尔根群岛条约》的缔约国。斯瓦尔巴群岛海域拥有丰富的渔业资源，对于距离斯瓦尔巴群岛较近的欧盟国家而言无疑是巨大的利益诱惑。同时，近几年来，欧盟越来越注重对北极事务的参与和治理，而斯瓦尔巴群岛问题一直是北极地区的热点问题，欧盟意图通过斯瓦尔巴群岛渔业保护区问题渗透到北极治理

---

① 挪威渔业部部长称，引入雪蟹捕捞禁令是为了控制捕捞活动，以获得更多的关于雪蟹种群的知识和数据。但是在实际上，在实施雪蟹捕捞禁令时期，挪威政府专门向挪威的渔业从业人员发放了有限数量的许可证。

② Nils Mehren and Eskil Mehren, "Hren Fikk Klar Beskjed Fra Europaministeren I Fastlåst Konflikt," NRK, January 23, 2017, https://www.nrk.no/troms/eu-fikk-klar-beskjed-fraeuropaministeren-i-fastlast-konflikt-1.13338024.

③ Nadarajah Sethurupan, "'Crab War' between Norway & EU in the Arctic," *Norway News*, November 7, 2019, http://www.norwaynews.com/crab-war-between-norway-eu-in-the-arctic/.

④ Per Anders Madsen, "Norge Og EU Krangler Om Krabbefangst, Egentlig Handler det Om Svalbardtraktaten," Aftenposten, February 2, 2017, http://www.aftenposten.no/meninger/kommentar/i/GELAq/Norge-og-EU-krangler-om-krabbefangst-Egentlig-handler-det-omSvalbardtraktaten–Per-Anders-Madsen.

中，提升欧盟在北极地区的治理能力和影响力。

除欧盟外，《斯匹次卑尔根群岛条约》的部分缔约国对于挪威主张对斯瓦尔巴群岛海洋区域资源的专属管辖权也产生了争议。俄罗斯自始至终对挪威在斯瓦尔巴群岛周围建立渔业保护区表示反对，即使后来出于各种实际目的接受了挪威在渔业保护区内的监管和执法措施，但从未正式承认挪威对渔业保护区的管辖权。[①] 加拿大和芬兰则对挪威根据《联合国海洋法公约》对领海以外的专属资源权利的主张表示支持，但这种支持并没有持续太久。[②] 英国、荷兰、丹麦认为挪威可以划定渔业保护区，但是挪威对保护区内资源的利用要符合《斯匹次卑尔根群岛条约》的规定，挪威对保护区内的资源并不拥有专属权利，应受到《斯匹次卑尔根群岛条约》的约束。

由此可见，各国对挪威在斯瓦尔巴群岛建立渔业保护区持有不同的态度和立场，这些立场源于对《斯匹次卑尔根群岛条约》能否适用于斯瓦尔巴群岛领海以外的海洋区域的争议。以挪威为代表的一方主张《斯匹次卑尔根群岛条约》不能适用于斯瓦尔巴群岛领海以外的海洋区域。挪威对斯瓦尔巴群岛以外的海洋区域的管辖权来自《联合国海洋法公约》赋予的沿海国的权利，并且在《斯匹次卑尔根群岛条约》中并没有提及斯瓦尔巴群岛以外的海洋区域。反对的一方则认为，《斯匹次卑尔根群岛条约》应当适用于斯瓦尔巴群岛领海以外的海洋区域，挪威对斯瓦尔巴群岛的主权来源于条约的规定，依据条约

---

① K. Åtland and K. Ven Bruusgaard, "When Security Speech Acts Misre: Russia and the Elektron Incident, Secur," *Dialogue*, No. 40, 2009, pp. 333－353; Geir Honneland, *Making Fishery Agreements Work: Post-agreement Bargaining in the Barents Sea*(Cheltenham: Edward Elgar, 2012).

② Robin Churchill and Geir Ulfstein, "The Disputed Maritime Zones around Svalbard," In Myron H. Nordquist et al., eds., *Changes in the Arctic environment and the law of the sea* (Leiden: Brill, 2010), p. 564.

的目的解释原则，尊重和保障缔约国在斯瓦尔巴群岛的权利和自由，伴随着海洋法的发展，缔约国的权利应当延伸到斯瓦尔巴群岛领海以外的海洋区域。

（二）自由航行制度

《斯匹次卑尔根群岛条约》赋予所有缔约方的国民平等自由进出斯瓦尔巴群岛的水域、峡湾和港口的权利。[①] 虽然条约只对《斯匹次卑尔根群岛条约》缔约国的国民进出群岛的自由权利进行了规定，没有涉及船舶在斯瓦尔巴群岛的自由航行，但是，船舶作为国民进入群岛重要的交通载体之一，国民在群岛进行自由通行时船舶与国民不可分离。因此，船舶作为国民在群岛通行不可分离的载体时，应当认为此时的船舶适用自由航行制度。

目前，斯瓦尔巴群岛周围的海上交通主要包括邮轮和货运交通。海上的交通运输主要以重油为主要的动力和补给燃料。但是重油的使用和排污会对自然环境造成不可逆的伤害。从 2015 年开始，挪威禁止使用重油的轮船在斯瓦尔巴群岛的自然保护区和国家公园等地区航行。除此之外，挪威政府在 2019 年表示，将考虑将重油禁令定为一般禁令，并对在斯瓦尔巴保护区海域航行的船舶实施规模限制。[②] 挪威政府的这些措施虽然没有直接对《斯匹次卑尔根群岛条约》项下的自

---

① 《斯匹次卑尔根群岛条约》第三条规定，所有缔约国的国民，不论出于何种原因或目的，对第一条所述领土的水域、峡湾和港口均享有同等的进入和进入自由。在遵守当地法律和法规的前提下，他们可以在绝对平等的基础上进行所有海洋、工业、矿业和商业活动。

② David Nikel, "Large Cruise Ships Could Soon Be Banned From Svalbard," Forbes, December 19, 2019, https://www.forbes.com/sites/davidnikel/2019/12/19/large-cruise-ships-could-soon-be-banned-from-svalbard/#2f66b4067634.

由航行制度做出明确的限制，但实际上，对自由航行的重要交通工具做出的限制对各缔约国在斯瓦尔巴群岛水域的通行造成了约束。而重油是海上交通工具的主要燃料，禁止重油虽然有利于保护自然环境，但是却在一定程度上禁止了一些依靠重油作为燃料补给的船舶的通行。尤其是在北极地区通航形势逐渐明朗的情况下，斯瓦尔巴群岛将可能作为其他地区通行北极航道的中途停靠站，重油禁令的实施将会切断一些使用重油的船舶在北极航道航行的可能。而且，挪威一旦限制在斯瓦尔巴群岛海域通行船舶的大小，也会对缔约国在斯瓦尔巴群岛地区航行以及在北极其他地区航行造成一定的限制。这是因为《斯匹次卑尔根群岛条约》缔约国的船舶可以依据条约将斯瓦尔巴群岛作为北极航行中的停靠站为航行补充能源等。如果这些船舶属于被挪威限制在斯瓦尔巴群岛海域通行的船舶，将会为前往北极航行的船舶造成燃料不能及时补充的局限或增加航行的风险。挪威政府对斯瓦尔巴群岛的航行船舶采取管辖的这些措施，在实施过程中违背了《斯匹次卑尔根群岛条约》赋予各缔约国在斯瓦尔巴群岛自由航行的权利。

（三）航空制度

根据斯瓦尔巴群岛的航空法规，往返斯瓦尔巴群岛的所有航班都必须经过朗伊尔城（Longyearbyen）的斯瓦尔巴机场，因此，斯瓦尔巴机场可以起降往返该群岛的所有直航航班。2017 年，挪威交通运输和通信部突然决定将朗伊尔斯瓦尔巴机场从国际机场改为国内机场，国际航班不能直飞斯瓦尔巴机场。[①] 由于挪威斯瓦尔巴机场的降级，使得《斯匹次卑尔根群岛条约》缔约国国民在斯瓦尔巴群岛的自由通行受到了限制。《斯匹次卑尔根群岛条约》各缔约国的国民本来可以依据条约自由通行制度的规定，不需要签证即可自由进入斯瓦尔巴群岛。在斯瓦尔巴机场降级之后，各缔约国的国民只能通过挪威本土辗转前往斯瓦尔巴群岛。[②] 但是，实际上除挪威之外，俄罗斯作为《斯匹次卑尔根群岛条约》的缔约国却没有受到朗伊尔斯瓦尔巴机场降级的影响。这是因为在 1974 年，挪威与苏联签署了一项单独的机场使用协议，协议规定苏联的民航飞机有权使用斯瓦尔巴机场。当前，这个单独的机场使用协议依然适用于俄罗斯。挪威降级斯瓦尔巴国际机场的做法本身已经涉嫌违反《斯匹次卑尔根群岛条约》有关缔约国自由进出条约规定区域的规定，使得缔约国的国民无法直接到达斯瓦尔巴地区，损害了缔约国国民自由通行的权利。同时，挪威政府与苏联签署单独的机场使用协议，也违背了《斯匹次卑尔根群岛条约》的平等原则，《斯匹次卑尔根群岛条约》赋予各缔约国的权利应当是平等的，《斯匹次卑尔根群岛条约》平等原则下的平等权利应有之义应当包含缔约国的无差别对待。但是，挪威对斯瓦尔巴国际机场的降级以及与苏联签署单独的机场使用协议，已经打破了平等原则中无差别对待的平衡，从而违背了条约的宗旨和目的。

挪威政府给出的对斯瓦尔巴国际机场降级的解释是，斯瓦尔巴机场并不具备成为国际机场的条件。然而，斯瓦尔巴机场降级为国内机

---

① Thomas Nilsen, "Svalbard Airport Longyear no longer International," The Barents Observer, October 3, 2017, https://thebarentsobserver.com/en/travel/2017/10/svalbard-airport-longyear-no-longer-international.

② 郭培清：《挪威斯瓦尔巴机场降级事件探讨》，《学术前沿》2018 年第 11 期，第 44 页。

场似乎更符合挪威在斯瓦尔巴群岛的利益。斯瓦尔巴机场降级为国内机场之后，前往斯瓦尔巴群岛的人员都需要经转挪威本土。至此，挪威能够对前往斯瓦尔巴群岛的人员实行更好的管控，便于维护和加强挪威对斯瓦尔巴群岛的主权。斯瓦尔巴群岛作为在北极地区的特殊存在，可被作为前往北极地区的重要中转站。挪威加强对斯瓦尔巴群岛地区的管辖，有利于加强对北极地区的掌控力。

（四）科学考察活动

《斯匹次卑尔根群岛条约》规定缔约国可以在斯瓦尔巴群岛进行科学考察活动。因此，诸多国家利用这个机会在斯瓦尔巴群岛建立了北极考察站和相关设施。截至 2018 年，斯瓦尔巴群岛现有由十个国家建立的 14 个考察站。这十个国家分别为：挪威、英国、德国、法国、日本、意大利、中国、荷兰、印度和韩国。[①] 从这些国家的地理位置看，在斯瓦尔巴群岛的科学考察站主要是以欧洲国家和亚洲国家为主，其中欧洲国家主要集中在西欧，而亚洲国家主要是位置离北极较近的东亚国家。在斯瓦尔巴群岛建立科学考察站的国家大多颁布了有关北极地区的政策以指导在北极地区的活动。除了科学考察站外，在斯瓦尔巴地区还有许多其他附属科研机构，包括斯瓦尔巴大学中心（The University Centre in Svalbard，UNIS）、新奥尔松科学管理委员会（Ny-Alesund Science Managers Committee，NySMAC）等。

挪威政府在 2019 发布了有关缔约国在斯瓦尔巴群岛新奥尔松地区进行科学考察活动的《新奥尔松科学考察站考察政策》（2019 Ny-

---

① Natural Environment Research Council, "NERC Arctic Research Station Science Summaries," 2018 Season, https://www.arctic.ac.uk/wp-content/uploads/2019/03/Svalbard-Station-Summaries.pdf.

Alesund Research Station Research Strategy）。[①]《新奥尔松科学考察站考察政策》规定，在新奥尔松进行的科学考察活动以及科学考察站的建设，必须适当考虑斯瓦尔巴群岛当地的自然环境，所有的科学考察活动都必须遵循《斯瓦尔巴环境保护法案》（The Svalbard Environmental Protection Act）和《奈阿勒桑德土地使用计划》（The Ny-Ålesund land-use plan）。挪威颁布《新奥尔松科学考察站考察政策》，一方面是为了通过与其他国家合作进行科学考察的方式，促进斯瓦尔巴群岛地区人文教育的发展，并通过以国际合作数据共享的方式提升挪威在斯瓦尔巴群岛地区甚至是在其他北极地区的科学研究能力；另一方面，对于在斯瓦尔巴群岛地区进行科学考察活动的其他缔约国而言，《新奥尔松科学考察站考察政策》在一定程度上是对其他缔约国在斯瓦尔巴群岛权利的一种侵害，是对其他缔约国在斯瓦尔巴群岛地区进行科学考察活动的某种限制。在《斯匹次卑尔根群岛条约》中没有明确规定缔约国在斯瓦尔巴群岛进行科学考察活动的具体事项，只规定可以在今后的科学考察相关的国际公约中进行谈判和协商。因此，依据《斯匹次卑尔根群岛条约》无法得出挪威在对斯瓦尔巴群岛拥有主权的前提下，可以对缔约国在斯瓦尔巴群岛的科学考察活动采取约束的判断。挪威颁布的《新奥尔松科学考察站考察政策》是根据依托《斯匹次卑尔根群岛条约》制定的国内法，以保护斯瓦尔巴群岛的自然环境和文化遗产为由，对缔约国在斯瓦尔巴群岛的科学考察活动进行约束和限制。挪威对在斯瓦尔巴群岛的科学考察活动的约束和限制，是挪

---

① The Research Council of Norway, "2019Ny-Alesund Research Station Research Strategy," http://nysmac.npolar.no/, May 2019, https://www.uio.no/forskning/tverrfak/nordomradene/ny-alesund-research-station-research-strategy.pdf.

威对斯瓦尔巴群岛的管辖权进一步扩大的结果。

（五）非军事化目的

《斯匹次卑尔根群岛条约》的立法宗旨是，在承认挪威在斯瓦尔巴群岛享有主权的同时，在该地区建立一种公平制度，以保证对该地区的和平开发和利用。由此可见，《斯匹次卑尔根群岛条约》的立法宗旨整体上体现出和平与平等的原则。

条约的和平原则可以理解为非军事化原则。条约的第九条规定：在不损害挪威加入国际联盟所产生的权利和义务的前提下，挪威承诺不在第一条规定的区域建立或允许建立任何军事基地，并且不在上述区域建立任何防御工事，该地域绝不用于军事目的。虽然条约规定了斯瓦尔巴群岛不能用于军事目的和一切形式的军事活动，但是却没有做细节性的明确规定，存在一定的模糊性。

1949 年，挪威加入了北大西洋公约组织。2017 年，北约议会会议在斯瓦尔巴群岛举行，会议讨论了北约的安全政策实施情况。虽然，北约声称这次会议并没有职业军人与会，但是这次会议选择在斯瓦尔巴群岛举行，引起了俄罗斯的强烈反应。[①] 俄罗斯在此之前一直都严格强调斯瓦尔巴群岛的非军事化。[②] 而北约作为国际军事组织，选择在依据《斯匹次卑尔根群岛条约》实行非军事化的斯瓦尔巴群岛举行会议，对重视斯瓦尔巴群岛非军事化的俄罗斯而言无疑是一

---

① Thomas Nilsen, "Moscow Says NATO Meeting on Svalbard Is a Provocation, "The Barents Observer, April 21, 2017, https: //thebarentsobserver. com/en/arctic-security/2017/04/moscow-says-nato-meeting-svalbard-provocation.

② LtCol Michael Zimmerman, "High North and High Stakes: The Svalbard Archipelago Could Be the Epicenter of Rising Tension in the Arctic, "PRISM, Vol. 7, No. 4, 2018.

种挑衅。并且，斯瓦尔巴群岛对于俄罗斯而言，更是重要的军事“哨所”。

斯瓦尔巴群岛与俄罗斯的科拉半岛隔海相望，科拉半岛在俄罗斯的战略布局中具有重要地位。科拉半岛位于俄罗斯极北的摩尔曼斯克州，北面是巴伦支海，东南是白海，近邻芬兰。岛上的不冻港摩尔曼斯克是半岛的主要海港。在苏联时期，摩尔曼斯克是重要的潜艇生产中心，现在仍是俄罗斯北方舰队总部。斯瓦尔巴群岛对俄罗斯北方舰队而言，具有重要战略资源地位。北方舰队是俄罗斯最大的海军部队，拥有俄罗斯最优秀的海军步兵和海军航空装备，这些军事力量共同构成俄罗斯“堡垒”的防御体系，是俄罗斯军事实力的基石。斯瓦尔巴群岛即位于北方舰队基地摩尔曼斯克港口的西边，[①] 这些岛屿与挪威的北角形成一个“瓶颈”区域，俄罗斯的水面舰艇和潜艇必须先通过这一狭窄区域，然后经过格陵兰岛、冰岛和英国，才能进入北大西洋。[②] 因此，斯瓦尔巴群岛对于俄罗斯而言是向大西洋延伸的瓶颈和窗口，对俄罗斯在北大西洋的利益十分重要。同时，斯瓦尔巴群岛与俄罗斯的重要军事基地隔海相望，斯瓦尔巴群岛的任何风吹草动都和俄罗斯的战略安全密切相关，对俄罗斯而言是重要的军事前沿“哨所”。

---

① 《北极圈内的神奇不冻港：摩尔曼斯克》，地理沙龙号，来源：搜狐网，2017 年 9 月 8 日，https: //www. sohu. com/a/166485645_794891。

② Michael Zimmerman, “High North and High Stakes: The Svalbard Archipelago Could be the Epicenter of Rising Tension in the Arctic,” *PRISM*, Vol. 7 No. 4, p. 113, https: //cco. ndu. edu/News/Article/1683880/high-north-and-high-stakes-the-svalbard-archipelago-could-be-the-epicenter-of-r/

三、《斯匹次卑尔根群岛条约》与中国北极权益维护

1925年，中国签署《斯匹次卑尔根群岛条约》，中华人民共和国成立以后，根据国际法中政府继承的相关规定，中国有权对前任政府在《斯匹次卑尔根群岛条约》中享有的权利和义务进行继承。中国依据《斯匹次卑尔根群岛条约》的规定，承认挪威在斯瓦尔巴群岛的主权，享有在斯瓦尔巴群岛自由进出以及开展经济性活动和科学考察活动的平等权利。

（一）中国在斯瓦尔巴群岛的权益维护

中国虽然是《斯匹次卑尔根群岛条约》的缔约国，但是中国行使《斯匹次卑尔根群岛条约》项下规定的开发利用斯瓦尔巴群岛权利的历史并不长。在对斯瓦尔巴群岛开发利用中，权益维护问题是中国应着重关注的问题。

1. 中国在斯瓦尔巴群岛已开展的活动

第一，科学考察活动。依据《斯匹次卑尔根群岛条约》，中国在斯瓦尔巴群岛及其领海享有进行科学研究考察活动的权利。据此，中国于2004年在斯瓦尔巴群岛建立了第一个北极科学考察站——“中国北极黄河站”。黄河站的建立，为中国在北极地区开创了一个永久性的观测研究平台，为解开日地相互作用、北极气候环境变化及其与全球变化的关系等众多课题提供了一个窗口。[①] 同时，也为中国在北

---

① 王思硕：《走进第一座北极科考站—黄河站》，来源：人民日报，中国新闻网，2019年2月16日，http://www.chinanews.com/sh/2019/02-16/8755856.shtml。

极其他地区开展活动奠定了基础。但是，中国目前在斯瓦尔巴群岛的科学考察活动还存在技术上的不足，因为斯瓦尔巴群岛生态和地理环境的特殊性以及恶劣的气候条件要求进行科学考察的船舶和设备具有更高性能。此外，挪威在斯瓦尔巴群岛制定了相关的环境保护法规以及严格的关于交通和污染的规定。这些规定一方面有利于维护斯瓦尔巴群岛当地的自然环境，另一方面也限制了包括中国在内的相关国家在斯瓦尔巴群岛自由进行科学考察活动的范围。面对斯瓦尔巴群岛生态环境的脆弱性，中国在进行科学考察研究活动的过程中，需要平衡好开发利用与环境保护的关系，对于挪威对在斯瓦尔巴群岛进行科学考察活动日益严格的规定，要在合理合法的范围内寻求和维护自身正当的权益。

第二，旅游活动。依据《斯匹次卑尔根群岛条约》所赋予的缔约国国民在斯瓦尔巴群岛的自由通行权，缔约国的国民可以无须申请签证就自由进出斯瓦尔巴群岛。斯瓦尔巴群岛地处北极地区，自然地理风光独特，旅游资源十分丰富。中国作为《斯匹次卑尔根群岛条约》缔约国之一，中国公民无须申请签证就可以在斯瓦尔巴群岛自由通行和停留，这有利于促进中国在斯瓦尔巴群岛旅游业的发展，促进中国服务业的转型，拉动中国经济增长。近年来，随着国民生活水平的提高，选择赴极地旅游的游客越来越多，斯瓦尔巴群岛成为中国公民的热门旅游目的地。但是，随着斯瓦尔巴机场的降级，中国公民需要通过挪威本土才能前往斯瓦尔巴群岛，① 在一定程度上为赴斯瓦尔巴群岛旅游增加了难度和旅行成本。

---

① 郭培清：《挪威斯瓦尔巴机场降级事件探讨》，《学术前沿》2018 年第 11 期，第 44 页。

2. 中国在斯瓦尔巴群岛的未来机遇

第一，进一步开展科学考察活动。作为《斯匹次卑尔根群岛条约》的缔约国，中国公民有权自由进出斯瓦尔巴群岛，进行经济活动和科学研究考察活动。《斯匹次卑尔根群岛条约》拉近了中国与北极的距离，为中国开展北极活动和参加北极事务治理提供了合法和便利。并且，一旦重启《斯匹次卑尔根群岛条约》第五条谈判，将能够为中国在斯瓦尔巴岛开展更广泛的考学考察活动提供契机。

第二，助力北极航道通行。北极航道的潜在航运价值逐渐显现，开通北极航道的可能将带来巨大的经济效益。但是，北极航道地理情况复杂、气候条件较为恶劣，缺乏不间断通行的自然条件。中国依据《斯匹次卑尔根群岛条约》在斯瓦尔巴群岛拥有船舶停靠的权利。未来在北极航道通行时，中国可以将斯瓦尔巴群岛作为北极航运的补给站，降低在北极航道航行的风险。

第三，加强北极资源开发与合作。斯瓦尔巴群岛的人文资源与自然资源丰富，资源开发有巨大的经济前景。中国作为《斯匹次卑尔根群岛条约》缔约国，与其他缔约国一样平等享有斯瓦尔巴群岛有关资源开发和旅游等方面的权利。斯瓦尔巴群岛独特的人文自然景观丰富了中国的旅游资源，可以促进中国与挪威之间的人文交流与合作。

3. 中国在斯瓦尔巴群岛面临的挑战

第一，近年来，挪威不断基于条约规定的“平等原则”，[①] 通过国内立法和制度建设来加强对斯瓦尔巴群岛的主权，不断扩大对斯瓦尔巴群岛的管辖权。“平等原则”的宗旨是对缔约国平等权利的保障，

① “平等原则”是指在挪威与其他缔约国之间进行平等无差别适用的平等权利的原则，是《斯匹次卑尔根群岛条约》的一项基本原则。

挪威却逐渐将其变成了某种程度的“平等限制”。挪威强化管辖权的行为有侵害其他缔约国在斯瓦尔巴群岛权利的趋势。挪威的战略意图和行为阻碍了中国目前以及未来在斯瓦尔巴群岛的活动，增加了中国在斯瓦尔巴群岛行使权利的难度。

第二，在《斯匹次卑尔根群岛条约》的文本中只提及斯瓦尔巴群岛领水以内的海洋区域。随着国际海洋法的不断发展，对于斯瓦尔巴群岛的适用范围是否能延伸到群岛领海以外的海洋区域存在争议。因此，斯瓦尔巴群岛领海以外的海洋权利的归属有较大的不确定性。这种不确定性，一方面可能会给中国带来潜在的利益，将中国在斯瓦尔巴群岛的权利延伸到斯瓦尔巴群岛领海以外的海洋区域；另一方面，这种争议的不确定性也会成为中国参与开拓北极事务的阻碍。

第三，斯瓦尔巴群岛从发现至今，一直存在着复杂的地缘政治问题。相关国家对攫取斯瓦尔巴群岛资源的权利之争从未停止。伴随对北极资源的开发过程，这种资源攫取活动愈发频繁。中国在斯瓦尔巴群岛进行科学考察和经济活动，首先需要有一个和平的国际环境。而要维护一个和平的国际环境，则要对各方利益进行综合考虑，无论是制定相关政策还是开展相关活动都要经过战略深思。

（二）中国在北极其他地区权益维护

北极地区已经成为国际社会关注的热点，中国在2018年发布的《中国的北极政策》白皮书中指出，“北极问题已超出北极国家间的问题和区域问题的范畴，涉及北极域外国家的利益和国际社会的整体利益，攸关人类生存与发展的共同命运，具有全球意义和国际影响”。[①] 北极地区的发展对于包括中国在内的世界各国而言具有重要的战略意义，中国倡议构建“人类命运共同体”的理念，希望以积极的姿态参与到北极地区的发展和环境保护中。维护中国在北极地区的权益，是中国参与北极事务和北极治理的重要一环。但是，中国在北极地区参与北极事务治理和权益维护并非一帆风顺。

随着中国在北极相关活动的开展，中国作为“北极事务的重要利益攸关方”的身份定位引起一些国家的特别反应，甚至受到一些国家的恶意抹黑，国际上泛起“中国威胁论”的声音。[②] 逆势而下的国际舆论不利于中国在北极相关活动的开展，更不利于中国在北极的合法权益的维护。中国除了要积极营造良好的国际舆论氛围、树立良好的北极参与者的形象之外，更要重视《斯匹次卑尔根群岛条约》对中国参与北极事务治理合法性的夯实。斯瓦尔巴群岛位于北极地区，而中国作为《斯匹次卑尔根群岛条约》缔约国，毋庸置疑享有在北极地区进行北极事务治理相关活动的合法权利和法律依据。

对斯瓦尔巴群岛权益的维护是中国在北极地区维护自身权益的缩影。得益于《斯匹次卑尔根群岛条约》，中国在地处北极的斯瓦尔巴群岛开展了各项活动。这些活动的开展，使中国对北极地区的气候、生态、资源以及人文社会等都在一定程度上加深了了解，积攒了相关的经验，这为中国后续在北极其他地区开展相关活动做出了有益的探索，极大地推进了后续在北极其他地区进一步开展相关活动。《斯匹次卑尔根群岛条约》的缔结，也促进了中国与《斯匹次卑尔根群岛条

① 中华人民共和国国务院新闻办公室：《中国的北极政策》白皮书，http://www.scio.gov.cn/zfbps/32832/document/1618203/1618203.htm。

② 胡欣：《美国又在散布北极“中国威胁论”》，《世界知识》2019年第11期，第74页。

约》其他缔约国在北极地区的合作，为中国多方位参与北极事务、维护在北极的权益构建了合作的桥梁。

四、结语

北极善治攸关人类的共同未来。中国作为重要的北极利益攸关国，应当积极参与北极事务治理，维护中国在北极的权益，谋求全人类的美好未来。中国在维护北极权益的过程中，要高度重视《斯匹次卑尔根群岛条约》的适用，以《斯匹次卑尔根群岛条约》项下的制度参与为依托和桥梁，提升参与北极事务治理的能力，促进与北极周边国家的合作。在现行的国际法体系下，在错综复杂的国际政治博弈中，《斯匹次卑尔根群岛条约》的适用难免出现新的情况和争议，中国作为《斯匹次卑尔根群岛条约》的缔约国，要积极把握条约适用，维护在条约项下的正当权益，实现《斯匹次卑尔根群岛条约》适用与维护中国北极权益的良性融合。

中国—东盟海洋合作现状与动因*

林勇新**

摘　要　近年来，在中国与东盟各方积极推动下，南海沿岸国间开展的一系列双边或多边海上合作取得重要进展，推动了中国—东盟南海海上合作，也符合本地区多方的利益。而当下既有的研究缺乏对域内国家参与南海合作的意愿和动因的深度分析，本文基于对域内国家的利益诉求和战略考量，认为南海海上合作呈现出以下特点：总体框架初具雏形，磋商合作机制与项目实施平台建设有序推进，双、多边海上合作稳步开展，南海海上合作的规则秩序正逐步建立。文章认为，南海特殊的地理环境、各沿岸国的发展利益诉求和战略调整，以及有关各方对南海合作的积极认知有力地促进了中国—东盟南海海上合作。但是，中国—东盟南海海上合作依然面临内外因素的挑战，中国—东盟应总结既有的合作经验，充分发挥各自的优势，逐步提升双方海洋合作的深度和广度。

* 基金项目：本文是国家社科基金青年项目“21世纪海上丝绸之路与南海问题交互影响机制研究”（项目编号：17CGJ025）的阶段性研究成果。

** 林勇新（1986—），福建泉州人，中国南海研究院海上丝绸之路研究所所长、副研究员，主要研究方向：南海资源开发和合作、中国与东盟国家关系等。

关键词 中国—东盟关系　南海海上合作　南海磋商机制　南海利益诉求

2016年7月以来，南海局势呈现相对缓和稳定的发展态势，中国与东盟的海上合作也稳步有序推进[①]，为南海地区的危机管控和未来南海问题的妥善解决扩大了共识、夯实了基础。就发展视角而言，推动南海合作符合本地区多方的利益，但仍受岛礁主权及海域划界争议、地缘政治、域外大国介入等因素的影响。然而，就合作本身而言，其主要影响因素还是域内各方对南海合作的意愿和认知。本文旨在梳理中国与东盟国家南海海上合作现状的基础上，分析南海周边国家推动南海合作的动因，为理解南海形势发展提供参考。

一、中国—东盟海上合作研究现状概述

开展国际海洋合作是当前全球治理的重要议题之一。海上资源开发、海上贸易、海上环保以及海上秩序构建均迫切需要加强国际合作。国际海洋合作可根据合作领域、空间范围和制度化水平，划分不同的类型。中国和东盟地缘相近、人文相通、商缘相联、利益相融；中国与多个东盟国家以海相连，海上合作成为中国与东盟国家合作的重点领域有其天然性和客观必然性。

目前，中国—东盟海上合作的现有研究成果主要集中于以下几个

① 本文所指的中国与东盟的海洋合作，包括双边海洋合作和多边海洋合作。其中，双边海洋合作指中国与东盟国家中的单一国家开展的双边海洋事务合作（如中国—越南、中国—菲律宾等），多边海洋合作指中国与东盟国家中两个或两个以上国家开展的多边海洋事务合作。

方面：回顾了海上合作的历史，就海上合作机制和海上合作领域进行了探讨，并对双方海上合作的机遇和挑战进行了分析等。

其一是将中国—东盟近30年来海上合作的演变发展，划分为不同阶段，并概括阶段性发展特点。有学者认为，自启动对话关系以来，中国—东盟海上合作，按照合作项目由少及多、合作程度由浅及深，以《南海各方行为宣言》（以下简称《宣言》）的签署、中国—东盟海上合作基金的成立为临界点，可将中国—东盟海上合作历程划分为三个阶段，即1991—2001年为中国与东盟海洋合作多边与双边探索阶段、2002—2011年为机制内发展的初级阶段，以及2012年至今的升级和发展的新阶段。①

其二是从合作机制和合作平台创设，研究分析中国—东盟海上合作持续推进的具体路径。近年来，中国—东盟海上合作层级的提升，离不开合作机制和平台的搭建。有学者认为，自上而下，中国与东盟海洋合作机制可分为战略指导机制、海洋合作平台以及东盟地区论坛。② 另有学者认为，中国与东盟海洋事务的海洋协调应从陆地经济协调和内部机制为切入点建立战略指导机制，包括建设法律体制、拓展海洋项目、设立机构、发布年度报告等方面③；海洋合作平台则包括中国—东盟海上合作基金、中国—东南亚国家海洋合作论坛、④ 博

① 蔡鹏鸿：《中国—东盟海洋合作：进程、动因和前景》，《国际问题研究》2015年第4期，第14—25页。

② 田昕清：《中国—东盟海洋合作路径探析》，《中国经贸导刊》2016年第35期，第37—40页。

③ 樊兢：《中国与东盟开展海洋协调的主要机制及未来展望》，《广西社会科学》2016年第9期，第38—43页。

④ 《第六届中国—东南亚国家海洋合作论坛在广西举办》，中新网，2018年11月16日，http://www.chinanews.com/gn/2018/11-16/8678883.shtml。

鳌亚洲论坛“21世纪海上丝绸之路”分论坛、[①] 泛北部湾经济合作论坛、中国—东盟自由贸易区（CAFTA）论坛以及东盟相关论坛。

其三是从具体合作领域归纳总结中国—东盟海上合作实践和成功经验。目前中国—东盟开展海上合作的重点领域主要包括海洋经济合作、海洋生态资源保护合作、海洋安全合作、海上互联互通合作以及海洋科技合作。海洋经济合作又包含了海洋渔业、海洋油气业、海洋交通运输业、滨海旅游业等产业领域。比如海洋渔业方面，2017年中国（广西）与文莱共同开发渔业合作示范区。中国与菲律宾近年也在积极探索渔业技术培训交流、支持渔业企业间合作、发展海水养殖和水产品加工等合作。[②] 海洋油气业方面，中国—东盟则正在积极探索海洋能源资源领域的合作。[③] 再如，海洋环保领域，保护和维持生态资源免遭气候变化的破坏成为域内多方关注的焦点，但目前中国与东盟尚未建立有效的环境保护合作机制以及完善的法律体系。[④] 对此，有学者建议，维护海洋生态安全、确保海洋航道安全可作为中国—东盟海洋安全合作的切入点，[⑤] 并通过构建法律机制确保海洋安全

---

① 《博鳌亚洲论坛举办共建21世纪海上丝绸之路分论坛暨中国东盟海洋合作年启动仪式》，中央政府门户网站，2015年3月29日，http://www.gov.cn/guowuyuan/2015-03/29/content_2839817.htm。

② 刘志莹：《近年中国学界关于中国—东盟海洋合作的研究述评》，《法制博览》2018年第2期，第102—103页。

③ 刘松竹：《推进中国—东盟经贸合作的思路及对策》，《经济纵横》2014年第12期，第16—19页。

④ 薛桂芳：《“一带一路”视阈下中国—东盟南海海洋环境保护合作机制的构建》，《政法论丛》2019年第6期，第74—87页。

⑤ 程晓勇：《“一带一路”背景下中国与东南亚国家海洋非传统安全合作》，《东南亚研究》2018年第1期，第99—114页。

合作。[①]

当然，中国—东盟海上合作也面临着不少挑战，包括南海问题引发的争端，政治互信不足，缺乏政治沟通，敏感领域的海洋合作较少，缺乏深层次合作等。[②] 针对这些问题，有学者建议，中国与东盟国家应进行合理的机制和项目设计，逐步消除上述因素的负面影响。[③]

综上所述，随着近些年来，南海局势的多变，有关各方及利益攸关方对中国—东盟海洋合作的关注日益增加，而对该议题的研究也日趋多元化。但梳理可知，目前从利益方特别是域内国家参与南海合作的意愿和动因视角分析的文章还较少，而域内国家的利益诉求和战略考量是影响南海合作进程至关重要的因素，需进行深化细致研究。

二、中国—东盟海上合作现状及特点

南海海上合作所涉领域广泛，得益于南海形势三年来的平稳发展，以及中国与东盟国家的积极努力，南海合作不管在合作领域，还是推进举措上，均呈现出多元化的特点。中国与东盟海上合作的基础不断夯实。

第一，基于政治共识和国际法，南海海上合作的总体框架初具雏形。中国与东盟自 1991 年开始对话进程，29 年来取得了卓有成效的

① 王勇：《论中国与东盟国家在〈南海行为准则〉框架下构建打击南海海上跨国犯罪的法律机制》，《政治与法律》2019 年第 12 期，第 95—107 页。

② 吴士存、陈相秒：《中国—东盟南海合作回顾与展望：基于规则构建的考量》，《亚太安全与海洋研究》2019 年第 6 期，第 39—53 页。

③ 杜兰、曹群：《关于南海合作机制化建设的探讨》，《国际问题研究》2018 年第 2 期，第 83—95 页。

合作成果——合作机制逐步健全、合作领域不断拓展，合作内容持续深入。当前，中国与东盟已形成了以“10+1”领导人年度峰会为核心的多个对话合作机制。在亚太经合组织、“10+3”领导人会议、东盟地区论坛等区域性经济、安全组织中加强协调、通力合作，彼此信任和利益得到加强与巩固。中国与东盟还签署和发表了一系列协议、协定、条约、联合声明，商签“中国—东盟国家睦邻友好合作条约”,[①]为双边关系的健康和快速发展提供了法律和制度保障。

其中，南海海上合作是中国—东盟合作的重要内容之一。有关各方基于《联合国海洋法公约》关于闭海或半闭海沿岸国的合作条款,[②]积极探索了多个海洋事务领域的合作。以2002年11月中国与东盟国家正式签署《宣言》为标志，中国与东盟国家的南海海上合作进入基于共识协调推进的新阶段。《宣言》强调各方应本着合作与谅解的精神，寻求建立相互信任的途径，包括开展海洋环保、海洋科学研究、海上航行和交通安全、搜寻与救助、打击跨国犯罪等领域的合作。[③]可以说，《宣言》为南海海上合作提供了建设性的指导原则、合作框架和合作方向。

为进一步推动南海海上务实合作，2011年中国—东盟领导人峰会上，中国宣布投入30亿元人民币设立中国—东盟海上合作基金，推动海洋科研与环保、互联互通、航行安全与搜救、打击跨国犯罪等领域

---

① 《李克强：中国正与东盟国家商签睦邻友好合作条约　推动实现东亚持久和平》，新华网，2014年11月13日，http://www.xinhuanet.com/world/2014-11/13/c_1113238977.htm。

② 《联合国海洋法公约》第123条规定，“闭海或半闭海沿岸国在行使和履行本公约所规定的权利和义务时，应互相合作”。

③ 《南海各方行为宣言》，外交部网站，2002年11月4日，https://www.fmprc.gov.cn/web/wjb_673085/zzjg_673183/yzs_673193/dqzz_673197/nanhai_673325/t848051.shtml。

的合作。[①] 迄今，已有多批次海上合作项目得到了基金支持，为南海海上合作项目的开展提供了资金保障。值得一提的是，2013 年 10 月，中国国务院总理李克强在第 16 次中国—东盟领导人会议上提出指导中国—东盟关系未来发展的“2+7 合作框架”，将海上合作确立为中国—东盟开展合作的七个重点领域之一。[②] 此举进一步明确了海上合作在中国—东盟关系中的重要地位。

第二，搭建了多种类型的磋商合作机制与项目实施平台，有序衔接中国—东盟海上合作政治共识和合作框架。合作机制和项目实施平台具有上承合作政治共识、下推项目落地的重要作用。近 30 年来，中国与东盟、中国与东盟国家相继成立了多个综合性、专业性的多边、双边合作机制。多边合作机制方面，最具代表性的是中国与东盟国家成立了落实《宣言》高官会和联合工作组会议，该机制为南海海上合作的良好沟通、项目落实提供了重要的交流载体，促进深化了中国—东盟海洋合作伙伴关系建设。截至 2019 年，中国与东盟国家已相继举办了 18 次高官会和 30 次联合工作组会议，[③] 通过了《中国与东盟国家应对海上紧急事态外交高官热线平台指导方针》[④] 和《中国与东盟

---

① 《温家宝在中国—东盟（10+1）领导人会议讲话（全文）在中国—东盟领导人会议上讲话》，中国政府网，2011 年 11 月 18 日，http://www.gov.cn/ldhd/2011-11/18/content_1997289.htm。

② 《李克强在第 16 次中国—东盟（10+1）领导人会议上的讲话（全文）》，新华网，2013 年 10 月 10 日，http://www.xinhuanet.com/politics/2013-10/10/c_125503937.htm

③ 《落实〈南海各方行为宣言〉第 18 次高官会成功举行》，外交部网站，2019 年 10 月 16 日，https://www.fmprc.gov.cn/web/wjbxw_673019/t1708318.shtml;

④ 《第 19 次中国—东盟领导人会议通过〈中国与东盟国家应对海上紧急事态外交高官热线平台指导方针〉》，外交部网站，2016 年 9 月 8 日，https://www.fmprc.gov.cn/web/zyxw/t1395698.shtml。

国家关于在南海适用〈海上意外相遇规则〉的联合声明》等多份成果文件；[①] 确立了开展建立互信的措施、合作应对海洋环境保护挑战等一批海上务实合作项目。中国与东盟国家在《宣言》框架下的磋商机制和工作组会，为管控分歧和推动南海海上合作走深走实发挥了至关重要的作用。此外，中国与东盟国家在海事、海上互联互通等专项领域，也分别建立了中国—东盟海事磋商机制、共建海上港口城市网络等协同合作机制。

双边合作机制上，中国与越南成立了双边合作指导委员会、[②] 中国与印度尼西亚成立了海上合作技术委员会、[③] 中国与文莱成立了政府间联合指导委员会[④]，以推进在海洋领域的务实合作。而针对敏感性高的南海油气等资源的共同开发合作问题，中国与越南、中国与菲律宾分别于2013年10月、2019年10月成立了中越海上共同开发磋商工作组、[⑤] 中国—菲律宾油气开发合作政府间联合指导委员会。[⑥]

更为重要的是，前些年南海局势的升温波动，使南海争议相关方对南海问题复杂性、长期性的认识不断深化。基于管控分歧、探索寻

---

① 《中国—东盟领导人审议通过〈中国与东盟国家关于在南海适用《海上意外相遇规则》的联合声明〉》，中国国防部官网，2016年9月8日，http://www.mod.gov.cn/shouye/2016-09/08/content_4726912.htm?from=timeline&isappinstalled=0。

② 《中越双边合作指导委员会首次会议在河内举行》，中国网，2006年11月12日，http://www.china.com.cn/international/txt/2006-11/12/content_7346874.htm。

③ 《中印尼海上合作技术委员会中方主席陈士球大使接受新华社专访》，参考消息网，2012年9月19日，https://world.cankaoxiaoxi.com/2012/0919/95213.shtml。

④ 《中国文莱政府间联合指导委员会首次会议将在北京举行》2020年1月17日，新华网，http://www.xinhuanet.com/2020-01/17/c_1125475888.htm。

⑤ 《中越成立海上共同开发磋商工作组》，中新网，2013年10月14日，http://www.chinanews.com/cj/2013/10-14/5375668.shtml。

⑥ 《中国—菲律宾油气开发合作政府间联合指导委员会第一次会议在北京召开》，外交部网站，2019年10月29日，http://new.fmprc.gov.cn/web/wjbxw_673019/t1711665.shtml。

找南海问题解决方式的双边磋商机制的建立，成为近年中国与部分东盟国家海上合作的亮点。其中，中国—菲律宾南海问题双边磋商机制于2017年5月成立，并保持良好运行，截至2019年已举行了五次会议；[①] 中国与马来西亚也于2019年9月设立了海上问题双边磋商机制。[②] 至此，中国政府倡导的解决南海问题“双轨思路”的另一轨，“即有关争议由直接当事国通过友好协商谈判寻求和平解决”[③] 的内涵和实践在近年来得到不断丰富。

概括地说，中国与东盟海上合作正形成由“多边+双边”的海洋事务合作磋商机制和“双边”海洋问题磋商机制共同组成的、不同层次的合作机制体系。该体系的发展与完善，将有力支撑和促进中国和东盟国家的海上合作。

第三，以项目为抓手，中国与东盟国家在多个领域开展了一系列双边、多边海上合作，有效推进海上合作落实落地。近30年来，中国与东盟国家立足维护南海可持续发展为导向，在海洋与气候变化、海洋环境保护、海洋生态系统与生物多样性、海洋防灾减灾、区域海洋学研究以及海洋政策与管理等多方面开展了形式多样的双多边合作。如中国已两次发布、共涵盖十年的“南海及其周边海洋国际合作框架计划”，以专项规划配套推进中国—东盟海上合作。[④] 又如2001年始，

---

① 《中国—菲律宾南海问题双边磋商机制第五次会议联合新闻稿》，新华网，2019年10月29日，http://www.xinhuanet.com/world/2019-10/29/c_1125166387.htm。

② 《中国与马来西亚建立海上问题磋商机制》，新华网，2019年9月12日，http://www.xinhuanet.com/world/2019-09/12/c_1124990886.htm。

③ 《媒体解读李克强南海“双轨思路”新思维》，新华网，2014年12月2日，http：//www.xinhuanet.com/politics/2014-12/02/c_1113493273.htm。

④ 2012年1月，中国国家海洋局发布了《南海及其周边海洋国际合作框架计划（2011—2015）》；2016年11月，中国国家海洋局发布《南海及其周边海洋国际合作框架计划（2016—2020）》。

联合国环境规划署牵头、南海周边七国（中国、越南、柬埔寨、泰国、马来西亚、印度尼西亚和菲律宾）政府共同组织开展海洋环境保护大型国际合作项目“扭转南中国海和泰国湾环境退化趋势项目”。[①] 值得一提的是，2016 年以来，中国与东盟国家在准军事安全、军事安全、中高敏感领域的合作取得了明显进展。中越、中菲分别于 2016 年 6 月、2016 年 10 月签署了《中国海警局与越南海警司令部合作备忘录》《中国海警局和菲律宾海岸警卫队关于建立海警海上合作联合委员会的谅解备忘录》。截至 2020 年 1 月，中越、中菲均已举行了三次海警工作会议。[②] 虽然目前上述合作机制在争议海域的联合执法实践仍处于探索阶段，但从未来深化南海海域非传统安全领域的合作和应对而言，执法领域合作机制的建立具有重要的现实意义。在军事安全领域，中国与东盟国家在 2018 年 10 月、2019 年 4 月接连举行了“海上联演”。[③] 此外，在油气开发合作方面，中菲也进行了积极的探索，并于 2019 年 10 月召开了两国油气开发合作政府间联合指导委员会第一次会议。

从上述分析看来，不难发现，南海合作领域已从非传统安全领域向传统安全领域深化拓展，合作形式也呈现出以项目巩固机制合作、机制深化项目实施的良性循环。简言之，宽领域、多方位的合作已成为当前南海合作的主要特点。

---

① 《联合国环境规划署关注“扭转南中国海和泰国湾环境退化趋势”》，搜狐网，2005 年 4 月 19 日，http://news.sohu.com/20050419/n225254475.shtml。

② 《中越海警举行第三次工作会晤》，新华网，2019 年 7 月 26 日，http://www.xinhuanet.com/mil/2019-07/26/c_1124802582.htm。

③ 《中国—东南亚国家“海上联演-2019”开幕式在青岛举行》，人民网，2019 年 4 月 26 日，http://military.people.com.cn/n1/2019/0426/c1011-31051569.html。

第四，以“南海行为准则”磋商为着力点，南海海上合作的规则秩序正稳步建立。“南海行为准则”（以下简称“准则”）自2013年9月正式启动进入磋商轨道以来，在磋商的时间轴上可谓留下了一个又一个里程碑式的标志。2017年5月，中国与东盟国家在落实《宣言》的第14次高官会上，审议通过了“准则”框架。[①] 自此，“准则”磋商进入了快车道。该年11月，第20次中国—东盟（10+1）领导人会议随即宣布启动“准则”案文磋商。2018年8月，中国与东盟国家又就“准则”单一磋商文本草案达成一致。[②] 同年11月，中方建设性地提出，“争取未来3年完成‘准则’磋商”的愿景。[③]

2019年8月，中国与东盟国家又提前完成了“准则”单一磋商文本草案的第一轮审读，并对案文进行了精简优化，进一步明晰了“准则”的总体架构和案文要素。与此同时，“准则”单一磋商文本草案启动了第二轮审读，并明确了磋商方式、规划、路径等。[④] 对此，李克强总理在第22次中国—东盟领导人会议上评价“准则”磋商的“有关进展令人鼓舞，值得高度肯定”；并重申了中国的政策与主张，概括为“准则”立足及升级于《宣言》；“准则”的磋商应秉持协商一致的原则，以及应排除域外因素的干扰；“准则”的定位应是危机

---

① 《新闻背景：“南海行为准则”框架谈判过程》，新华网，2017年8月7日，http://www.xinhuanet.com/world/2017-08/07/c_1121444462.htm。

② 《王毅：“南海行为准则”单一磋商文本草案形成，证明中国与东盟国家有能力达成共同遵守的地区规则》，外交部网站，2018年8月2日，https://www.fmprc.gov.cn/web/wjb_673085/zzjg_673183/xybfs_673327/dqzzhzjz_673331/zgalb_673389/xgxw_673395/t1582564.shtml。

③ 《李克强在第13届东亚峰会上的讲话》，中国政府网，2018年11月16日，http://www.gov.cn/xinwen/2018-11/16/content_5340929.htm。

④ 《谱写合作新篇　构筑地区规则——中国与东盟推动构建命运共同体》，新华网，2019年8月3日，http://www.xinhuanet.com/world/2019-08/03/c_1124833592.htm。

管控机制，而非争端解决机制；“准则”应按确定的路线图推进。[①]

近年来，以“南海行为准则”磋商加速为标志，中国与东盟国家在安全与规则秩序合作上进入了补短板、强弱项的轨道。在项目合作、机制合作不断夯实中国与东盟国家战略互信与共识基础的同时，“准则”的加速磋商及未来的达成，有望为今后南海海上合作项目的落实、机制的可持续运行提供制度性的保障。

但对比而言，中国与东盟国家海上事务的双边合作比多边合作更加频繁。中国—东盟海上合作的制度化水平、合作形式、项目合作的可持续性仍有待深化，合作领域仍有待进一步拓展。

三、中国—东盟海上合作的动因分析

中国与东盟国家海上合作受多重因素驱动，其中，南海特殊的地理环境、各沿岸国发展的利益诉求和战略调整，以及有关各方对南海合作的认知发挥着重要的作用。

第一，南海特殊的地理、水文、气候环境，迫切需要南海周边国家开展合作，以共同应对南海的灾害与挑战。南海是亚洲三大边缘海之一，生态系统多样，岛礁暗沙数量众多，台风等气候频次高，自然环境复杂多变。具体而言，南海海域广阔，分布着众多由珊瑚礁形成的礁盘暗沙面积不大，周围地形陡峭复杂，是渔船、商船航行安全不可轻视的潜在威胁。南海是热带气旋的频发地区，且持续时间长。据统计，南海地区每年生成的较强热带风暴可达9个，约占西北太平洋

① 《李克强在第22次中国—东盟领导人会议上的讲话（全文）》，新华网，2019年11月4日，http://www.xinhuanet.com/politics/leaders/2019-11/04/c_1125187703.htm。

热带风暴总量的30%，相当于北大西洋全年出现的总量。[①] 南海的热带气旋几乎分布于每个月，八九月份最为集中，其中强热带风暴、台风带来狂风、巨浪、暴雨，破坏性较强，显著影响了南海周边地区的生产生活。如超强台风“海燕”（2013年）和“威马逊”（2014年）均给周边国家造成了数十亿美元的经济损失。因此，南海具有半封闭性、整体性、流动性等天然属性，意味着仅依靠单边作为或双边合作，显然难以应对台风、海啸、海域污染、生物资源衰退等灾害以及航行安全、跨国犯罪等非传统安全领域面临的挑战。

第二，海洋经济已成为南海周边国家经济社会发展新的战略关注点，而新战略的认知与落地，离不开区域各方的协同合作。南海对南海周边国家和地区具有重要战略意义，进入21世纪以来，各方以发展海洋经济为目标，纷纷调整各自的海洋战略。如中国于2003年批准实施《全国海洋经济发展规划纲要》，2012年11月，党的十八大提出了建设“海洋强国”战略，[②] 习近平总书记在2013年7月主持中共中央政治局就建设海洋强国研究进行第八次集体学习时，将其提升为“中国特色社会主义事业的重要组成部分”。[③] 其中，针对海洋经济发展，提出了“要提高海洋开发能力，扩大海洋开发领域，让海洋经济成为新的增长点”的战略目标。[④] 2018年全国海洋生产总值达83415亿元，

---

① 廖志军：《南海自然环境特点对海警舰艇维权执法的影响分析》，《中国水运》2018年第5期，第34—35页。

② 《胡锦涛在中国共产党第十八次全国代表大会上的报告》，人民网，2012年11月8日，http://cpc.people.com.cn/n/2012/1118/c64094-19612151.html。

③ 《习近平：进一步经略海洋　推动海洋强国建设》，中新网，2013年7月31日，http://www.chinanews.com/gn/2013/07-31/5108322.shtml。

④ 《习近平：进一步经略海洋　推动海洋强国建设》，中新网，2013年7月31日，http://www.chinanews.com/gn/2013/07-31/5108322.shtml。

海洋生产总值占国内生产总值的比重约 9.3%，已成中国国民经济发展的重要支撑点。[①] 但就做强做优来看，中国海洋产业仍存在着产业结构和地区布局不尽合理等问题，主要海洋产业处于由粗放型向集约型和高技术型发展的阶段，特别是作为管辖西沙、南沙、中沙诸群岛的岛礁及其相关海域的海南省，其海洋经济产值占全国海洋生产总值不足 2%。因此，从挖掘海洋经济的发展潜力、发展深海科技，以及建设海洋生态文明等方面来看，南海都将是中国建设海洋强国最重要的平台和载体。

其他南海周边国家也在日益加强对南海的重视。如越南于 2007 年通过《至 2020 年海洋战略规划》，其目标是建成“海洋强国”。越南谋划“形成一个结构合理、统一的海洋经济体系”，该体系包括建立与海洋有关的支柱产业、建设海洋经济中心、发展沿海经济走廊、开发岛屿经济等，目标是到 2020 年海洋经济产值占国内生产总值的 53%—55%，出口额占总出口额的 55%—60%。[②] 而菲律宾拥有 7100 多个岛屿，60% 的人口沿海岸线居住。其国内海上运输通道承担了 95%的货物和 90%的国内乘客的运输，与渔业直接相关的从业人员占全国劳动力的 5%。菲律宾的海洋战略将确定国家领土范围、海洋生态保护、海洋经济与技术以及海上安全作为四个优先关注重点。[③] 具体而言，即强调海洋产业为国家发展重点，提出国家发展必须从以陆上为基础转向以海上为基础，保护海洋生态，管理海洋经济和海上安

---

① 《2018 年中国海洋经济总量达 83415 亿元》，新华网，2019 年 10 月 16 日，http://www.xinhuanet.com//2019-10/16/c_1125112341.htm。

② 于向东：《越南全面海洋战略的形成述略》，《当代亚太》2008 年第 5 期，第 100—110 页。

③ 雷小华，黄志勇：《菲律宾海洋管理制度研究及评析》，《东南亚研究》2014 年第 1 期，第 64—72 页。

全，建立适当的基础设施和发展信息技术，生产有竞争力的海洋产品和服务业，以最大限度谋求海洋利益。此外，印度尼西亚也于2014年提出了建设“全球海洋支点”的构想，该构想旨在围绕建设海洋强国的目标，充分发挥印度尼西亚的地缘优势，以培育海洋文化、管理好海洋资源、发展海洋经济、妥善开展海洋外交、维护海洋安全为五大支柱，以期实现重塑海洋秩序。[①]

从海洋维权的视角看，各国海洋战略之间不免存在竞争的一面；但从海洋经济发展和战略长远落实来看，各国海洋战略的落地，显然需要合作，如各国开展海洋经济发展的区域合作必然有赖于南海地区的海洋基础设施互联互通、海洋科技领域的合作、密切海上贸易往来等。

第三，本地区各国间经济的相互依存度，决定了南海周边国家以合作促进各国海洋经济的可持续发展是最优策略。2010年1月，中国—东盟自贸区全面建成。2014年8月，双方同意开始中国—东盟自贸区升级版谈判。2015年11月，中国与东盟签订《中华人民共和国与东南亚国家联盟关于修订〈中国—东盟全面经济合作框架协议〉及项下部分协议的议定书》；[②] 在投资方面，2018年，中国对东盟非金融类直接投资流量99.5亿美元，东盟对华投资流量57.2亿美元。截至2018年，东盟对中国累计投资额1167亿美元，中国对东盟累计投资额890.1亿美元，双向投资存量15年间增长22倍，中国对东盟投资

---

① 骆永昆：《“全球海洋支点”战略背景下印尼在南海的利益探析——兼议中印尼合作的机遇与挑战》，《亚太安全与海洋研究》2019年第3期，第82—93页。

② 《中国与东盟签署自贸区升级协议〈议定书〉》，新华网，2015年11月22日，http://www.xinhuanet.com/world/2015-11/22/c_128455394.htm。

增长势头明显。[①] 2018 年东盟跻身中国第二大对外投资目的地，首次超过英属维尔京群岛。东盟也仅次于中国香港和欧盟，位列中国第三大投资来源地。2019 年 10 月，中国—东盟自贸区升级议定书全面生效，中国与东盟经贸关系迈上了新台阶。[②] 据统计，2019 年，中国与东盟贸易达 4. 43 万亿元，增长 14. 1%，这一增速超过中国对外贸易平均增速。[③] 值得一提的是，2019 年东盟取代美国，首次成为中国第二大贸易伙伴；而中国已经连续 11 年成为东盟第一大贸易伙伴。另外，中国还是马来西亚、新加坡、越南、菲律宾、印度尼西亚、泰国、柬埔寨等国连续多年的第一大贸易伙伴。中国与东盟国家日益紧密的经贸合作，将推动和支撑本地区海洋经济的有序合作，同时本地区海洋经济可持续发展对海洋安全保障的需求，也将进一步促进周边国家共同开展南海航行安全保障等非传统安全领域的合作。

第四，南海周边国家日益认识到，南海争议的升温及其不确定性的增加并未给个别国家带来所期待的利益获得，反而损害了本地区公共利益。2009 年奥巴马执政以来，美国政府积极推动所谓“亚太再平衡”战略。在南海问题上，美国的南海政策亦从不选边站队到选边站队、从有限介入到深度介入转变。2009 年至 2016 年 7 月，南海问题亦呈现出螺旋升温的发展趋势。中菲黄岩岛对峙、中越中建南对峙、菲南海仲裁案等焦点事件不断出现，菲律宾、越南等部分国家基于零

---

① 《2018 年中国—东盟经贸合作再创佳绩》，中国商务部网站，2019 年 3 月 15 日，http://asean. mofcom. gov. cn/article/zthdt/dmjmtj/201905/20190502867536. shtml。

② 《专家看好〈中国—东盟自贸区升级议定书〉全面生效积极影响》，新华网，2019 年 10 月 29 日，http://www. xinhuanet. com/2019-10/29/c_1125167796. htm。

③ 《31. 54 万亿元：中国外贸延续稳中提质态势》，新华网，2020 年 1 月 14 日，http://www. xinhuanet. com/2020-01/14/c_1125462415. htm。

和博弈思维，迎合美国，调整其单方利益诉求和海洋政策，推动南海问题日趋复杂化、国际化。然而这些年，南海问题的升温并未给周边国家的经济社会发展带来相应的利益，反而挑起了部分国家的民族主义情绪，对双边关系和贸易往来、人文交流造成了不小的负面影响。比如，这些年间中菲的双边关系一度受影响而陷入低谷，货物贸易、人文旅游等因受影响而不时波动。从某种意义上讲，南海问题的升温对南海地区和平与稳定的冲击，及其带来的地区公共利益的损失是难以估量的。

第五，南海合作已经进入深层次阶段，南海合作的可持续推进日益需要周边国家的协同合作。如前文所述，事实上，当前南海合作已经进入项目持续推进、机制有效运行、制度保障积极探索的“深水区”。换言之，南海合作对周边国家切身利益影响的广度和深度均不断在拓展。特别是“准则”磋商事关南海合作的可持续性，甚至南海地区的长治久安。近几年，“准则”磋商取得积极进展，进程在加速。这或与以下三个因素息息相关，首先是中国与东盟国家南海海上合作的实践与经验，尤其是近 20 年来，有关各方在《宣言》框架下的务实合作，为“准则”的磋商凝聚了共识、积累了经验、做好了铺垫；其次是针对南海形势前些年的多变性、复杂性，寻求探索以规则治理南海已成为域内国家的共同诉求和共识；最后是中国作为南海地区最大沿岸国的责任和担当，以及所发挥的建设性作用，有力推动了“准则”的磋商进程。

但也应看到，截至 2019 年年底，“准则”单一磋商文本草案进入二轮审读，具体条款的技术性细节磋商将提上议程。这意味着“准则”磋商将进入时间紧、任务重的再加速阶段；“准则”文本草案的具体条款磋商也将进入爬陡坡过深坎的阶段。换言之，今后一段时间，“准则”案文条款的精研细究、咬文嚼字，势必将成为常态。同时，可以预料的是，域外国家对“准则”磋商的干扰、对有利于域内国家共同利益条款的歪曲解读的可能性也将增加。从这方面讲，以“准则”磋商为依托，真正建立起南海治理的规则之基、秩序之基，对于南海周边国家而言依然任重而道远。而“准则”文本磋商在协商一致的基础上，顺利推进，需要中国与东盟国家更多求同存异，妥善处理分歧，协同合作。

四、结论与展望

近年来，在中国与东盟各方积极推动下，南海海上合作取得了诸多进展。以《联合国海洋法公约》关于闭海或半闭海沿岸国合作的有关规定为法律基础，以《宣言》为指导，南海海上合作的总体框架已现雏形，中国同南海其他沿岸国开展的一系列双边或多边海上合作项目取得重要进展。但与此同时，南海地缘的重要性、南海本地区国家和人民发展的诉求，与南海区域“合作”供给的不足的矛盾凸显，亟须在南海推动更大范围、更深层次的合作。可以预料，未来南海合作依然将机遇与挑战并存。

机遇方面，中国—东盟战略伙伴关系的不断深化、中国与南海沿岸国之间的友好关系的良性发展、中国“一带一路”倡议与东盟国家发展战略的政策沟通、中国对外开放政策及海南自由贸易港建设等都将为中国—东盟的海上合作提供坚实基础和新的发展契机。中国—东盟应总结既有的合作经验，充分发挥各自的优势，逐步提升双方海洋合作的深度和广度。

挑战方面，随着美国“印太战略”的进一步推进，美国在南海军事行为和动作日趋频繁，南海的地缘政治环境将进一步向大国博弈的方向演变。南海周边部分国家或据此动态调整其南海政策，或采取相对激进的单方面侵权行为，比如，越南在万安滩海域的单方面油气开采活动等。南海仲裁案负面影响的持续发酵。“准则”磋商进程中，中国与东盟国家在部分条款的分歧可能显现。上述因素都将给南海今后一段时间的海上合作增加新的不确定性和消极因素。

东亚海洋安全：秩序演化与治理困境

金　新*

摘　要　近十年来，东亚海洋安全环境频繁出现不稳定态势，中国海洋安全利益面临严峻挑战。从系统理论视角审视，产生这一环境变化的根源在于安全秩序演化进程中的系统失衡，以及安全治理困境状态下的控制失灵。海洋安全秩序是一个动态平衡的系统，当前的东亚海洋安全秩序正处于由霸权安全模式向均势安全模式的演化进程之中，系统处于失衡状态。东亚海洋安全治理也面临现实困境，难以实现对海洋安全秩序系统的有效管控，存在控制失灵现象。在新的东亚海洋安全环境下，中国一方面需要综合施策，切实维护国家海洋安全利益；另一方面，需要推进安全制度的构建和安全合作的发展，以解决控制失灵的治理困境，提高海洋安全秩序的稳定性。

关键词　东亚海洋安全　地区安全秩序　中国海洋安全治理　南海问题　钓鱼岛问题

* 金新，西安交通大学国际问题研究中心副教授。

一、问题的提出

21 世纪第二个十年，东亚海洋权力竞争与利益博弈日渐激烈，地区海洋安全形势呈现趋紧迹象。中国的南北海疆同时面临较大的安全压力。一方面，海洋领土争端“久治不愈”，海上摩擦、冲突与对抗的风险长期存在；另一方面，美国等域外强国借机介入，加剧了安全形势的局部动荡。近年来，美国军舰频繁闯入中国南海岛礁领海范围，对中国主权和安全造成直接侵害。

东亚海洋安全形势的这种演变动向，使得中国海洋安全面临的外部挑战不容忽视，其深层原因值得深入探究。东亚海洋安全领域究竟发生了何种变化？这种不稳定的海洋安全态势的根源何在？中国如何才能更好地应对这种形势的变化？对这些问题的解答，既有重要的学术价值，又有重大的现实意义。

东亚海洋安全是当前国际问题研究中的热点问题之一，国内外学界对这一领域的研究，大致可以分为三种主要的研究层次。

一是体系层次：地区海洋安全环境研究。例如，胡波从国际秩序的角度分析了第二次世界大战后国际海洋秩序演进的二元结构及其与中国的关系，评估了中国海上兴起的程度及其对国际海洋安全秩序的影响。[①] 韩爱勇在东亚海洋安全研究中引入了亚太安全的分析框架，探讨了海洋力量格局的局部改变和海洋规则的调整与博弈之下地区海

① 胡波：《中国海上兴起与国际海洋安全秩序——有限多极格局下的新型大国协调》，《世界经济与政治》2019 年第 9 期，第 4—33 页。

洋秩序的变迁。[①] 还有学者集中探讨了海洋非传统安全问题。如程晓勇考察了东亚海洋非传统安全治理问题，认为这一领域形成了国内治理责任、地区性协调合作机制、国际技术性多边合作机制三个层面的治理结构。[②] 韩国学者金锡均（Suk Kyoon Kim）考察了东亚国家在海洋非传统安全领域的利益及其所做的努力，指出应建立海洋安全治理的地区合作制度。[③] 澳大利亚学者莱谢克·布津斯基（Leszek Buszynski）等人则从能源竞争的视角研究了南海争端，认为能源合作在存在海洋争端的情况下能够提供相对安全的石油开发环境。[④]

二是互动层次：双边海洋安全关系研究。这一路径的研究主要涵盖两个层面：其一，对中美海洋安全战略关系的研究。例如，何奇松认为海洋安全观是理解中美海洋战略互动的重要视角，尽管中国无意挑战美国的海洋霸权，但客观上在一定程度触动了现有美国主导的海洋秩序与海洋规则。[⑤] 杨震等认为中国海洋利益的拓展加深了中美在海洋领域的矛盾，中国在发展海权时，应处理好与美国的竞合关系。[⑥] 美国学者葛莱仪（Bonnie Glazer）研究了南海地区的潜在冲突，认为除中菲和中越冲突外，中美在中国专属经济区也存在冲突的可能性。[⑦]

---

① 韩爱勇：《地区海洋秩序变迁与亚太安全》，《中共中央党校学报》2017 年第 6 期，第 62—69 页。

② 程晓勇：《东亚海洋非传统安全问题及其治理》，《当代世界与社会主义》2018 年第 2 期，第 147—155 页。

③ Suk Kyoon Kim, "Maritime Security Initiatives in East Asia: Assessment and the Way Forward," *Ocean Development & International Law*, Vol. 42, No. 3, 2011, pp. 227-244 .

④ Leszek Buszynski and Iskandar Sazlan, "Maritime Claims and Energy Cooperation in the South China Sea, "*Contemporary Southeast Asia*, Vol. 29, No. 1, 2007, pp. 143-171.

⑤ 何奇松：《中美海洋安全观视角的海洋安全博弈》，《太平洋学报》2019 年第 9 期，第 47—57 页。

⑥ 杨震、周云亨：《论中美之间的海权矛盾》，《现代国际关系》2011 年第 2 期，第 6—11 页。

⑦ Bonnie Glazer, "Armed Clash in the South China Sea, "Council on Foreign Relations, 2012, pp. 4-5.

其二，对海洋争端当事方或海洋安全相关方双边关系的研究。例如，鞠海龙考察了中国和菲律宾的海洋安全关系。[①] 王竞超梳理了日本和越南两国海洋安全合作的演进历程，分析了合作的动因及前景。[②] 瑞典学者拉姆西斯·阿米尔（Ramses Amer）探讨了中国和越南管控南海纠纷的策略与方法。[③]

三是国家层次：国家海洋安全战略研究。一方面是对中国海洋安全战略的研究。如金永明探讨了中国海洋安全战略的框架和内容。[④] 詹姆斯·霍尔姆斯（James R. Holmes）等认为中国将谋求稳定和竞争的平衡，实现与美国对区域海洋的共管。[⑤] 另一方面是对其他国家海洋安全战略的研究。如冯梁选取了同中国海洋安全相关性强的一些亚太国家，对这些国家的海洋安全战略进行了详细的评析。[⑥]杨震和蔡亮认为，后冷战时代，日本来自北方的海上安全威胁消失，开始采取更加积极和更加注重国际合作的新的海洋战略。[⑦]

综观之，目前国内外学界已对东亚海洋安全问题展开了全面而深入的研究，但既有研究也存在进一步拓展的空间。当前的研究多持还原主义的思路，对海洋安全的相关问题多倾向归因于国家、次国家层

---

① 鞠海龙：《中菲海上安全关系的突变及其原因与影响》，《国际安全研究》2013 年第 6 期，第 70—82 页。

② 王竞超：《日越海洋安全合作的演进：战略考量与挑战》，《东南亚研究》2019 年第 2 期，第 107—121 页。

③ Ramses Amer, "China, Vietnam, and the South China Sea: Disputes and Dispute Management," *Ocean Development & International Law*, Vol. 45, No. 1, 2014, pp. 17-40.

④ 金永明：《中国海洋安全战略研究》，《国际展望》2012 年第 4 期，第 1—12 页。

⑤ James R. Holmes and Toshi Yoshthara, *Chinese Naval Strategy in the 21st Century: The Turn to Mahan*(London: Routledge, 2007).

⑥ 冯梁：《亚太主要国家海洋安全战略研究》，北京：世界知识出版社 2012 年版。

⑦ 杨震、蔡亮：《后冷战时代的日本海洋战略与日印海权合作》，《印度洋经济体研究》2019 年第 4 期，第 64—77 页。

面的因素，对区域海洋安全的体系性解释和系统性分析尚不充分。东亚海洋安全研究有必要在研究系统理论与方法的基础上，探寻整体性和结构性的解析。对于东亚海洋安全问题研究而言，具有系统属性的安全秩序及其治理体系，是一个较为适宜的切入点。

本文的研究以安全秩序与安全治理的双重研究视角切入，旨在考察东亚海洋安全环境出现不稳定态势的根源。本研究将基于系统理论的视角和思路，将海洋安全秩序作为一个动态系统加以解析，揭示东亚海洋安全环境趋于紧张的根源在于安全秩序演化进程中的系统失衡，以及治理困境状态下的控制失灵。

二、系统失衡：东亚海洋安全的秩序演化

海洋安全秩序是海洋安全环境形成的一种具有可预测性的、相对稳定的整体状态。基于海洋安全秩序维度的研究与分析，能够更加宏观和深入地诠释当前东亚海洋安全环境的动态变化。这一研究可采用系统理论与方法这一在社会科学诸领域广泛应用的研究范式作为基本工具。通过对海洋安全秩序这一复杂系统的深入考察，可以探究其系统属性和演化机制，并以此为基础分析海洋安全环境不稳定性增强的深层动因。

（一）海洋安全秩序：系统属性与演化机制

海洋安全秩序具有系统属性。[①] 系统“遍布于我们的物质世界、

① 英文“order”一词本身即含有“结构”“系统”“模式”的意思。参见［英］哈耶克：《法律、立法与自由》第1卷（邓正来译），北京：中国大百科全书出版社2000年版，第53页。

生物世界以及社会世界”。[①] 系统论认为，系统是现实世界一切事物的存在与运行方式。海洋安全秩序亦不例外，它包含主体（国家和非国家行为体等参与秩序建构的行为者）、客体（各类海洋安全问题）、价值（秩序内在的规范性目标）等多种要素，并且将所有要素组织在特定的结构框架中形成一个整体性存在，成为这些要素间关联方式的总和。

海洋安全秩序作为具有系统属性的特定存在，具备系统的一般特征。一是整体性。海洋安全秩序具有要素构成整体时所产生的形态、功能、特性、结构等。根据系统的涌现（emergence）原理，[②] 这种整体性是要素之间相互作用在整体上涌现出来的，而并非其要素的固有属性。二是动态性。海洋安全秩序的结构是静态的，但其过程是动态的。无论是基础性的要素还是由要素组成的结构，都在不断发生变化。因此，海洋安全秩序的演化成为深具研究意义的问题。

海洋安全秩序固有的动态性特征，使得安全秩序处于系统演化的进程之中，这意味着海洋安全秩序总是处在由一种系统结构不断向另一种系统结构转变的过程中，这种转变的本质是系统的动态平衡（dynamic equilibrium）。动态平衡是系统从平衡到不平衡，再到新的平衡的螺旋式上升的过程，是系统的平衡态与非平衡态两种状态的差异协同。系统科学遵循着一种平衡—不平衡—平衡……的道路来讨论系

---

① ［美］罗伯特·杰维斯：《系统效应：政治与社会生活中的复杂性》（李少军、杨少华、官志雄译），上海：世纪出版集团 2008 年版，第 1 页。

② Peter A. Corning, “The Re-Emergence of ‘Emergence’: A Venerable Concept in Search of a Theory,” *Complexity*, Vol. 7 , No. 6, 2002, pp. 18–30.

统的性质。[①] 系统从平衡转变为非平衡时，会“显露出重建平衡的趋向”，恢复原有平衡或形成新的平衡。[②] 海洋安全秩序的演化体现的正是这种动态平衡的过程。

（二）东亚海洋安全秩序：演化与失衡

当前，东亚海洋安全秩序正处于系统演化的进程之中。这种秩序演化表现为由原有的以霸权安全为特征的秩序模式，向初现端倪的以均势安全为特征的秩序模式的系统渐变。

1. 霸权秩序的弱化

东亚海洋的霸权安全秩序植根于本地区的单极海权格局。冷战结束以来，东亚海域形成了美国海上力量占主导地位的单极霸权格局。美国凭借自身雄厚的海上军事实力，“对东亚地区广大的海域几乎实现了完全的掌控”。[③] 加之在东亚地区的双边联盟体系和前沿军事部署，美国牢固护持着东亚区域的海上霸权。[④] 东亚海洋安全秩序一度处于相对稳定的霸权秩序之下。

进入21世纪，特别是2010年以来，随着中国等域内大陆国家海权力量的崛起，区域内与美国主导的地区海洋霸权抗衡的均势因素不断增强，带来海洋安全秩序的演变。随着经济的持续快速发展和国家综合实力的增长，中国的地缘政治影响力开始突破传统的欧亚大陆东

---

① 姜璐、王德胜、于秀彬：《从平衡到非平衡——认识系统演化的方法》，《自然辩证法研究》1993年第5期，第6页。

② ［美］汉斯·摩根索：《国家间政治——权力斗争与和平》（徐昕、郝望、李保平译），北京：北京大学出版社2006年版，第206页。

③ 倪峰：《论东亚地区的政治、安全结构》，《美国研究》2001年第3期，第15页。

④ 金新：《东亚海权格局演化历程探析》，《太平洋学报》2017年第4期，第52页。

部的“边缘地带”，向海洋空间拓展。一方面，中国总体的军事实力不断增强，海军现代化建设取得一定成效，在第一岛链内，中国对于近海海域的控制力不断上升；另一方面，中国提速建设“蓝水海军”进程，对海洋的影响力和辐射范围也在扩大。中国海军的实力在军事现代化目标的指引下呈现跨越式发展，“蓝水海军”加速形成，远海作战能力不断提升。2012 年和 2019 年，中国海军航空母舰“辽宁舰”和“山东舰”相继下水服役，成为海军发展史上的里程碑。近年来，中国海军的活动范围不断外扩，突破近海，多次穿越第一岛链进入太平洋海域。战略核潜艇和海基弹道导弹技术的发展，也为中国扩大海上力量的威慑力的辐射范围提供了技术支撑。可以看到，中国的海军力量日益强大，在东亚乃至整个亚太地区海域呈现崛起态势。

在此背景下，中美两国间出现了区域性的海上权力转移趋势。[①] 中美之间海上力量现实差距的缩小，使美国开始逐渐失去后冷战时代形成的对亚太海域的绝对控制。对美国而言，中国军事实力的增长必然会增强中国的“反介入和区域拒止”（Anti-Access and Area Denial）能力，[②] 从而制约美国的区域霸权。罗伯特·卡普兰（Robert D. Kaplan）认为，东亚地区已开始进入划分海上势力范围的新时代。[③] 随着中国“蓝水海军”的初具雏形，中美海权竞争的焦点会不断地由

① 胡波：《中美东亚海上权力和平转移：风险、机会及战略》，《世界经济与政治》2013 年第 3 期，第 28—45 页。

② 根据美国发布的《国家军事战略》的表述，“反介入”指的是对手阻止美军向海外战区投送和维持军事力量，“区域拒止”指的是对手限制美军在战区内的行动自由。按照美国《国家军事战略》的定义，“反介入”指的是对手阻止美军向海外战区投送和维持军事力量，“区域拒止”指的是对手限制美军在战区内的行动自由。https://www.sohu.com/a/191544373_162220 参见 U.S. Joint Chiefs of Staff, “The National Military Strategy of the United States of America,” 2011, p. 8。

③ Robert D. Kaplan, “The Geography of Chinese Power: How Far Can Beijing Reach on Land and at Sea?” *Foreign Affairs*, Vol. 89, No. 3, 2010, pp. 22-41.

近海向远洋延伸，从当前的东亚陆缘海向太平洋转移。在美国单极霸权之下，东亚海权格局的均势趋向将不断加强，尽管这一过程仍存在变数且尚需时日，但美国主导的单极海权格局的弱化已是东亚海洋安全秩序中不争的事实。

当前海洋安全秩序的系统演化是一个渐变的过程，中国海权崛起虽然对美国的海上霸权形成某种程度的制约，但这仅仅是均势因素在秩序系统内部一定量的持续增长，尚未达到权力均衡的程度。一方面，中国海权崛起面临双重制约，既有同周边国家在东亚海域的海洋领土争端等不稳定性因素的阻碍，又有本身是陆海复合型国家的地缘政治属性的限制；另一方面，美国通过强化其霸权护持战略，不断推进全球战略重心的东移，希望以此维持其海权优势，保持全球霸权。在可预见的未来，东亚海洋安全秩序仍将由具有海权优势的美国主导，与此同时，美国所面临的权力制衡因素也将不断增多，其海上霸权将被逐步弱化。从霸权到均势，东亚新的海洋安全秩序平衡系统的形成，将经历一个长期而缓慢的过程。

2. 安全秩序的失衡

当前，东亚海洋安全秩序旧的模式业已弱化，新的模式尚未形成，在系统演化进程中呈现出失衡的态势。系统的平衡是指系统内部诸要素之间、系统与环境之间相互协调适应的状态，是系统“内部的稳定”。[①] 系统的失衡则是指系统内部诸要素之间、系统与环境之间不

① 美国政治学家汉斯·摩根索在《国家间政治——权力斗争与和平》一书中系统地阐释了“权力均衡”理论，认为系统的平衡状态等同于权力均衡。笔者认为，就海洋安全秩序而言，无论是均势、霸权还是其他权力结构状态，只要结构内外相互协调、相互适应，实现系统的相对稳定，即可视为系统平衡。参见［美］汉斯·摩根索：《国家间政治——权力斗争与和平》（徐昕等译），北京：北京大学出版社 2006 年版，第 206 页。

相协调、不相适应的状态，是系统内部不稳定。东亚海洋安全秩序的演化进程是打破原有平衡、重建新的平衡系统的过程，这种系统失衡的外在表现，便是安全秩序态势的不稳定。

近十年来，东亚海上争端呈现高频率发生的趋势，东北亚与东南亚海域的海洋领土争端均在短短几年时间里多次升温，如2010年中日钓鱼岛撞船事件、2012年中菲黄岩岛对峙事件、2013年和2014年中菲在仁爱礁的对峙等。在这些海洋领土争端中，争端双方多次出现近距离对抗，曾发生海警执法船只甚至军舰的对峙。相关声索国还纷纷强化军事力量，进一步加剧了东亚海洋安全局势的紧张程度。2011年7月，越南公开呼吁为应对南海潜在的军事冲突，东盟各国海军应该加强协作。2014年1月，日本防卫省决定用十年左右的时间整编7个师旅团以“应对西南诸岛发生不测事态”，明显意在中国钓鱼岛。[①] 2014年2月，菲律宾单方面宣布将黄岩岛（菲律宾称为“帕纳塔格礁”）纳入其西部军区管辖，增强对中国的所谓“防御”。虽然在杜特尔特执政以来，中菲南海争端问题有所降温，但中国南海军事安全的潜在风险依然存在，未来仍有可能再度出现紧张局势。

美国也加强了对南海的军事介入，美国军舰自2009年年底以来，以“航行自由行动”的名义频繁在南海活动，并非法进入中国岛礁领海范围。特朗普执政以来，美国继续在南海开展“自由航行”，美军军舰多次闯入中国岛礁12海里海域，仅2019年一年举行的所谓“航行自由行动”就达7次之多。在此形势下，中美海权之争日益激化，中国周边海域安全形势日趋严重，中国海洋安全权益面临严峻的

① 《日本防卫省将整编7个师旅团应对“西南诸岛不测”》，新华网，2014年1月9日，http://news.xinhuanet.com/world/2014-01/09/c_125978198.htm。

挑战。

与此同时，东亚海洋安全秩序的主体关系结构变得更加复杂，安全维护的难度提升。当前东亚海洋安全主体关系结构的复杂化趋势有两种表现。

一是东亚区域内国家的“南北联动”。部分东南亚南海声索国与在东北亚的日本加强了联系与合作，以期共同牵制中国，这种“联动”增加了中国应对海洋领土争端的难度。日本频频向东盟各国尤其是与中国存在海洋领土争端的菲律宾和越南等国示好，加强与这些国家在海洋安全领域的合作。这些东盟国家也希望借助日本力量在南海制衡中国，推动南海问题国际化。2013 年 7 月，日本首相安倍晋三向菲律宾公开承诺，日本向菲律宾提供 10 艘巡逻艇以提高菲律宾的海上执法能力。2015 年 6 月，日本海上自卫队与菲律宾海军在靠近南沙群岛的巴拉望海域开展了首次联合海上军事演习。2018 年 3 月，日本向菲律宾海军无偿交付了三架 TC-90 教练机。越南与日本的海洋安全合作也在不断加强，2016 年下半年以来，越南逐渐取代菲律宾，成为日本在南海声索国中的主要战略联动对象。

二是部分域内国家与域外大国特别是美国的“内外联动”。在东北亚，美国和日本强化了双方在军事领域的合作。例如，自 2010 年起的数年间，“针对钓鱼岛危机带来的地区紧张局势，美日双方联合举行了一系列军事演习，以强化彼此团结、威慑中国”，“‘夺岛’成为美日军演重要科目”。[①] 在东南亚，美国积极插手南海地区事务，以此推进“重返”东南亚。为展现对菲律宾、越南等南海声索国的支持，

---

① 孙国强、黄凤志：《美国亚太“再平衡”战略对中日钓鱼岛争端的影响》，载黄凤志、刘雪莲主编：《东北亚地区政治与安全报告（2013）》，北京：社会科学文献出版社 2013 年版，第 200 页。

美国航空母舰战斗群多次驶入南海。菲律宾除加强向美国购买军事装备外，还与美国商谈了“重启苏比克和克拉克军事基地问题”。[①] 2011年11月，美国和菲律宾签署了《马尼拉宣言》，承诺帮助菲律宾加强对海域疆界的防卫，提升与菲律宾的联盟关系。美菲两国还定期举行大规模的联合军事演习。越南、新加坡等国也主动向美国靠拢。2012年6月，新加坡同意美国在新加坡部署4艘濒海战斗舰，这一举动增加了美国在南海地区海域的军事影响力。2015年5月，美国承诺向越南提供1800万美元的援助，帮助越南购买美国的高速巡逻艇，以提升越南的防务能力。2018年3月，美国“卡尔·文森”号航空母舰率领的舰艇编队访问越南岘港，实现了自越南战争结束后美国航空母舰在越南港口的首次停靠。印度、澳大利亚等域外大国也纷纷主动介入东亚海洋安全事务。2011年7月，越南邀请印度海军永久驻扎芽庄。2011年9月，印度与越南宣布，将共同开发南海油气。[②] 2018年3月，澳大利亚与越南发表联合声明，其中就南海问题达成若干共识。

东亚海洋安全形势出现趋于紧张的态势是导致秩序演化进程中系统失衡的根源之一。安全秩序相对失衡是东亚海洋安全秩序在未来一段时期内的主要特征，何时实现权力均衡尚未可期。

三、控制失灵：东亚海洋安全的治理困境

在海洋安全秩序系统失衡的背景下，实现对系统的有效控制是提

---

① “US-Philippines Flexs Collective Muscle,”Asia Times Online, June 2011, http://www.atimes.com/atimes/South east_Asia/MF24Ae01.html.

② 其中有两个区块部分地进入了中国管辖海域内，构成了对中国主权的侵犯。

高秩序稳定程度的关键。控制论认为，“控制”以“追求和保持那些合目的状态，避免或消除那些不合目的状态”为目标，是建立、维持和提高系统有序性的手段。[①] 对安全秩序的系统控制，在实践中表现为安全治理。[②] 无政府状态的国际社会，缺少有效维护国际安全的最高公共权威，国际安全治理成为保障共同安全的必要途径。

但是，当前东亚海洋安全的治理实践，却面临显著的治理困境，难以实现对海洋安全秩序系统的有效控制，存在控制失灵的现象。东亚海洋安全秩序作为正在演化的动态系统，可控性偏低。治理主体的控制能力也相对有限，面临的干扰因素较多，不确定性较强。这种控制失灵主要表现在两个方面：一是系统结构中的制度困境；二是系统过程中的合作困境。

（一）东亚海洋安全治理的制度困境

在安全治理中，安全制度对秩序稳定具有重要作用。但东亚地区海洋安全制度发展水平相对较低，制度建设停滞不前，使海洋安全治理面临着制度层面的困境。

1. 东亚海洋安全制度的现状

现阶段有几种不同类型的制度架构存在和运行于东亚海洋安全治理的实践中。

其一为区域性、专门性的海洋安全制度。这类制度安排以区域内的海洋安全合作为宗旨，包括多边海洋安全机制和双边海洋安全机

① 许国志：《系统科学》，上海：上海科技教育出版社 2000 年版，第 322—323 页。

② 关于控制过程的论述，参见金观涛、华国凡：《控制论与科学方法论》，北京：新星出版社 2005 年版，第 8 页。

制。多边机制的代表如旨在维护亚太地区各国海上安全的多边论坛机制——“西太平洋海军论坛”（WPNS）和作为亚洲地区首个政府间海洋安全多边合作机制的《亚洲地区反海盗及武装劫船合作协定》（ReCAAP）。[①] 双边机制主要包括中美海上军事安全磋商机制、中越关于解决两国海上问题的基本原则协议等。当前的东亚海洋安全领域的制度安排以多边为主，多边安全制度中既包含如《南海各方行为宣言》和“落实《南海各方行为宣言》指导方针”这类以特定问题为具体指向的制度，又包含如“东盟地区论坛海上安全小组”（ARF Maritime Focus Group）等综合性的、无特定指向性的海洋安全合作机制。

其二为与东亚海洋安全问题相关的全球性或综合性的安全制度。这类制度包含两个层面：一是全球层面上的影响东亚海洋安全的制度安排。其中最为重要的是构建国际海洋争端解决机制的《联合国海洋法公约》，它提供了国际海洋争端和平解决的基本原则和路径。此外，还有一些全球性的海洋安全规则，如联合国下属的国际海事组织（IMO）制定的《国际海上生命安全公约》（SOLAS）等，对维护东亚海洋安全尤其是非传统海洋安全发挥着不容忽视的作用。二是地区层面上的影响海洋安全事务的综合性制度安排，如为和平解决东亚海洋领土争端提供原则和行为规范的《东南亚友好合作条约》（TAC）。

其三为相关国家“一轨半”或“二轨”综合性安全机制。这些机制包括东亚地区的一系列非官方性质的会议和论坛，如亚太安全合作理事会（CSCAP）、亚洲安全会议暨香格里拉对话会（SLD）、亚太圆

---

① Ministry of Foreign Affairs of Japan, *Regional Cooperation Agreement on Combating Piracy and Armed Robbery against Ships in Asia*, http: // www. mofa. go. jp/mofaj/gaiko/kaiyo/ pdfs/ kyotei_s. pdf.

桌会议（APR）、博鳌亚洲论坛（BFA）等，它们为东亚海洋安全问题的交流与合作提供了平台。另外，东亚地区也存在专门性的海洋安全“二轨”机制，如印度尼西亚发起的“处理南中国海潜在冲突研讨会”等。“二轨”外交的参与者多因个人背景或公职身份，与其政府的安全政策决策层之间存在着个人或组织层面的关系。① 这些非官方机制作为政府间协调与合作之外的辅助性机制，为东亚海洋安全事务的对话与协商提供了有效的补充。

2. 东亚海洋安全制度的困境

目前东亚海洋安全领域存在和运行着的国际各种机制虽为数不少，但整体来看，当下海洋安全治理体系整体的制度化水平仍处于较低的层次，发展前景也并不乐观。东亚海洋安全治理中制度困境的存在，使增强秩序有序性和稳定度的治理目标面临多重挑战，海洋安全秩序的失衡状态很难得到有效解决，安全环境的系统控制存在失灵现象。

东亚海洋安全治理的制度困境主要表现在两个方面。一是静态层面上的制度供给的不足，二是动态层面上的制度构建困难。

第一，海洋安全制度供给不足。在现有的海洋安全机制中，相关国家为解决特定安全问题而建立的松散的或临时性的机制所占比例较高。在这些机制中，不仅缺乏专门负责海洋安全事务的区域组织，而且还缺少具有严格奖惩机制的安全制度安排，致使既有制度难以对区域内行为体具有实质性的约束力，影响安全制度在区域海洋安全事务中发挥应有的作用。例如，《南海各方行为宣言》中的相关条目虽然

① 喻常森：《“第二轨道”外交与亚太地区安全合作》，《东南亚研究》2003年第5期，第44页。

为解决南海争端提供了一些基本原则，但从本质上看，它仍“属于政治性文件而非具有国际条约性质的行为准则，并不具有法律上的强制性，仅有道德层面的约束力”。[①] 即便后续又通过并施行了“落实《南海各方行为宣言》指导方针”，但这些原则在实践中难以落实。

第二，海洋安全制度构建困难。当前的东亚海洋安全领域制度建设进展缓慢且存在多重现实挑战。在国家中心模式的安全治理框架内，国家之间的利益冲突广泛存在、战略互信缺失、零和博弈盛行。这导致在海洋安全治理的实践中，制度创生动力不足、制度运行障碍众多、机制整合和安全架构的建设更是杳无迹象，治理体系制度化水平的提高陷入困境。由于东亚海洋安全制度自身的发展水平不高，使既有的海洋安全制度的稳定秩序功能无法充分实现。在当前海洋安全局势趋向紧张的背景下，东亚地区急需构建一套能够有效管控海上危机、保障海洋安全的安全治理制度体系。

（二）东亚海洋安全治理的合作困境

各国在海洋安全问题上通过合作治理，可以实现共同安全。但在东亚海洋安全秩序演化进程中，国家间的海洋安全合作却面临重重挑战，难以切实推进，使海洋安全治理面临着合作层面的困境。

1. 东亚海洋安全合作的现状

中国与东亚邻国以及美国等域外大国在海洋安全领域保持着对话与合作，共同应对海洋传统和非传统安全威胁。在东亚海洋传统安全领域，中国与周边国家有着广泛的对话与合作，举行了“东盟地区论

① 曹云华、鞠海龙：《南海地区形势报告（2012—2013）》，北京：时事出版社 2013 年版，第 124 页。

坛海上风险管控与安全合作”研讨会、“中国—东盟防务与安全对话”等对话机制。中国与东盟国家在南海问题上保持着顺畅的沟通与对话，签署了《南海各方行为宣言》，在宣言的框架下努力深化海洋安全合作，积极推进“南海行为准则”磋商。中国与日本就东海有关问题举行了多轮海洋事务高级别磋商，围绕东海海空危机管控等问题进行沟通，并达成多项共识。[①] 中日两国防务部门还试图构建海空联络机制，并为此举行了专家组磋商。中国与美国在海洋传统安全领域的合作也取得了一定成果，双方建立了海上军事安全磋商机制，并在军事领域深化“重大军事行动相互通报机制”和“海空相遇安全行为准则”两大互信机制建设。[②] 2014 年和 2016 年，中国海军舰艇编队先后两次赴美国夏威夷参加了“环太平洋”多国海军军事演习。

在东亚海洋非传统安全领域，中国与周边国家在应对海盗、保护海洋环境等非传统安全领域展开了广泛的合作。中国与周边国家共同参加了《亚洲地区反海盗及武装劫船合作协定》，并积极支持这一协定中“信息分享中心”的建设和发展，向“中心”派驻中国海警职员。[③] 中国与东盟在打击海盗问题上保持了有效的对话沟通，并多次举行反海盗联合演习。双方所签署的《中国与东盟关于非传统安全领域合作联合宣言》和《中华人民共和国政府和东南亚国家联盟成员国

---

① 中华人民共和国国务院新闻办公室：《〈中国的亚太安全合作政策〉白皮书（全文）》，国务院新闻办公室网站，2017 年 1 月 11 日，http://www.scio.gov.cn/zfbps/32832/Document/1539907/1539907_1.htm。

② 中华人民共和国国务院新闻办公室：《〈中国的亚太安全合作政策〉白皮书（全文）》，国务院新闻办公室网站，2017 年 1 月 11 日，http://www.scio.gov.cn/zfbps/32832/Document/1539907/1539907_1.htm。

③ 中华人民共和国国务院新闻办公室：《〈中国的亚太安全合作政策〉白皮书（全文）》，国务院新闻办公室网站，2017 年 1 月 11 日，http://www.scio.gov.cn/zfbps/32832/Document/1539907/1539907_2.htm。

政府非传统安全领域合作谅解备忘录》中，均将打击海盗这一海洋安全领域的合作列入重点领域。海洋环境保护也是中国与周边国家非传统安全合作的重要内容，中国与东盟国家在涵盖海洋环境安全的环境保护领域开展了一系列的交流与合作，包括举办“中国—东南亚国家海洋合作论坛”、建立中国—东盟环境保护合作中心等。

2. 东亚海洋安全合作的困境

当前的东亚海洋安全领域虽然有着广泛的国际合作，但从整体审视安全领域的合作可发现，现有的东亚海洋安全合作多局限于较低层次的信息交流与沟通对话，停留在达成共识层面，具体实施和实际操作层面相对匮乏。中国与治理合作的对象国在实际的安全领域互动中往往合作意向易于达成、治理行动却难以推进，实质性的安全合作行动相对滞后和缺失。东亚海洋安全治理中存在的这种合作困境，使增强安全秩序有序性和稳定度的治理目标缺少行动力，加剧了对秩序失衡状态的控制失灵。

在东亚海洋安全秩序的演化进程中，国家间的海洋安全合作面临多重挑战。

一方面，利益冲突是合作困境的根源。东亚海洋安全问题多涉及主权领土争端，如南海问题、钓鱼岛问题等。主权领土完整是国家的根本利益所在，任何国家在此问题上均不会做出实质性让步。主权国家作为理性行为体，以本国利益最大化为根本行为动机，核心利益的冲突使中国与海上邻国的安全博弈具有较强的零和思维特点。此外，中美两国在东亚地区海洋安全事务上存在主导地位的竞争，崛起国与霸权国之间的战略矛盾也成为海洋安全合作治理的一大障碍。在秩序演化进程中，利益冲突使得海洋争端间或升温，埋下了冲突隐患，构成了合作障碍。东亚海洋安全治理面临更加严峻的主体间纷争关系的挑战，海洋安全事务方面的协调与合作过程缓慢，甚至停滞不前。

另一方面，相关国家之间的信任缺失加剧了东亚海洋安全合作的难度。安全主体之间的战略互信是地区协调与合作的保障，在安全治理中具有重要作用。但中国与海上邻国之间的战略互信相对匮乏，特别是日本、越南、菲律宾等和中国存在海洋争端的邻国，对中国的猜疑和恐惧心理明显。美国等域外强国也对中国有着战略上的疑虑和行为上的防范。在海洋安全秩序系统演化的进程中，零和博弈之下的信任缺失，使各国处于不安全状态，致使各国希望通过不断发展自身军事实力以谋求本国安全，这反而导致了普遍的不安全感。这种安全困境，加剧了东亚海洋安全治理中的合作困境。

四、中国的因应之策

东亚海洋安全领域秩序演化与治理困境的存在，使中国海洋安全环境呈现不稳定态势，国家安全利益面临严峻挑战，对中国的和平与发展造成不利影响。面对这种新的战略环境，中国有必要在对战略实力与战略资源进行合理统筹规划的基础上，综合施策、有效应对。一方面，在安全秩序系统失衡的背景下，中国需要采取有效措施维护自身的海洋安全利益；另一方面，中国需要解决安全控制失灵的治理困境，提高东亚海洋安全治理的有效性，维护海洋安全秩序的稳定。

（一）海洋安全秩序演化的对策

面对海洋安全秩序演化进程中的系统失衡，中国应从以下政策路径着手，维护自身的海洋安全利益。

第一，加强海上安全力量建设，进一步推进中国海军发展。军事实力是海洋安全利益护持的坚实后盾，中国要切实维护周边海洋安全利益，应继续建设具有近海综合作战能力和远洋机动作战能力的现代化海军，促进海军由机械化舰队向信息化舰队发展，以核潜艇为基础着重发展“非对称威胁”，构建发挥战略威慑作用的防御性海上力量。此外，中国应强化海军力量的非战争运用，“结合日常战备为国家海上执法、渔业生产和油气开发等活动提供安全保障”。[①] 同时，应充分发挥各类执法船只等非军事力量的维权功能。

第二，在提高海洋资源开发能力的基础上，加强东海、南海等海域的油气勘探开发。目前，中国的海洋资源开发仍存在技术水平较低、开采规模较小等问题。特别是在深海开采技术上，中国从300—3000米的油气开采技术仍需改进与提高，中国企业“拥有在浅水区域运作的丰富经验，但却缺乏在深水区域运作的经验和技术”。[②] 中国应在进一步提高本国技术水平的同时，推进对周边海域油气资源的勘探开发和扩大相关油气区块的国际招标。中国可在合作条件成熟时，选定若干权力主张交叠海域与相关国家开展共同开发。“随着勘察和钻探合作的进展，各当事方间的协议是可能达成的，这将建立行为指导和规范，避免冲突，解决争议”，[③] 这将有利于维护海洋安全秩序的

---

① 中华人民共和国国务院新闻办公室：《〈中国的亚太安全合作政策〉白皮书（全文）》，国务院新闻办公室网站，2017 年 1 月 11 日，http://www.scio.gov.cn/zfbps/32832/Document/1539907/1539907.htm。

② Leszek Buszynski & Iskandar Sazlan, “Maritime Claims and Energy Cooperation in the South China Sea,” *Contemporary Southeast Asia*, Vol. 29, No. 1, 2007, p. 157.

③ Leszek Buszynski & Iskandar Sazlan, “Maritime Claims and Energy Cooperation in the South China Sea,” *Contemporary Southeast Asia*, Vol. 29, No. 1, 2007, p. 166.

稳定。

第三，采取灵活积极的周边外交策略，在海洋争端中塑造对中国有利的战略形势。周边外交是维护本国海洋安全利益的关键，中国应秉持“奋发有为”的外交理念，避免在海洋争端中陷入被动应对的不利处境。一方面，中国应坚持领土主权问题不可让步的立场，采取有力举措加强对争议岛屿和海域的实际控制；另一方面，中国应在周边外交中团结一切可以团结的力量，既要积极推进同非争端当事国的友好合作，又要妥善处理同争端当事国的双边关系，努力塑造良好的海洋战略环境。

第四，妥善处理同海上霸权国家——美国的关系。处理好中美双边关系，是中国维护海洋安全利益、减轻外部安全压力的重要方面。中美两国的海洋安全合作离不开新型大国关系的构建。在维护海洋安全问题上，中美之间存在共同利益。正如罗伯特·卡普兰所指出的，中美两国在打击海盗、恐怖主义和应对灾害等问题上存在合作空间，两国还可以在海上通道开展联合巡逻来保障能源运输安全。[①]

（二）海洋安全治理困境的对策

面对治理困境状态下的控制失灵，中国可从海洋安全治理实践中制度构建与合作发展两个层面综合施策，以消解困境、推进治理。

1. 积极推动海洋安全制度的构建

利益冲突和互信缺失使东亚海洋安全治理的制度建设面临严重阻碍，中国应积极推进安全治理制度化，维护国家海洋安全利益。中国

① Robert D. Kaplan, *Monsoon: The Indian Ocean and The Future of American Power* (New York: Random House Trade Paperbacks, 2011) , p. 291.

应认识到，“仅仅依靠行为上的低姿态，达不到从根本上缓解美国和周边国家的疑虑与担忧的战略效果”。[①] 要减少分歧猜疑、增进战略互信，需要依托完善的安全制度架构来与相关国家加强协调与合作。海洋安全制度的构建，有利于转变各国观念，协调利益分歧，制约和调节各国的海洋安全行为，推进海洋安全治理合作，消除共同安全威胁，维护东亚海洋安全秩序的和平与稳定。中国需要积极参与和推进构建区域海洋安全制度，以便更好地保障中国的海洋安全利益。

就近期而言，构建中国与美国及周边国家的海上危机管控机制是制度建设的当务之急。东亚地区急需建立海上危机管控机制，以应对可能的突发事件，降低冲突爆发和升级的风险，实现对海上危机的有效管控。就中远期而言，构建完善的东亚海洋安全治理的制度体系是制度建设的最终目标。这一制度体系的形成，既是历史演进的过程，又是理性设计的结果，离不开作为治理主体的中国与相关各国的超国家层面的谋划。这一制度体系的实现需要中国与相关国家以具体海洋安全议题为导向，积极推进国家间的协调与合作，逐步发展与改良现有机制，不断构建顺应特定安全需要的新机制，最终形成全面而完善的海洋安全治理结构，建立系统、多层、复合的安全架构和制度性安排。

2. 逐步推进海洋安全合作的发展

东亚海域诸多海洋安全问题是中国与周边海上邻国所共同面临的安全威胁与挑战，需要各国共同努力，合作治理。正如詹姆斯·罗西

---

① 周方银：《周边环境走向与中国的周边战略选择》，《外交评论》2014 年第 1 期，第 31 页。

瑙（James N. Rosenau）等所揭示的，治理“是由共同目标所支持的”。[①] 在海洋传统安全问题上，国家之间在和平保障和冲突管控等议题上有着广泛的共同利益；在海洋非传统安全问题上，国家之间在海洋生态环境保护、打击海盗、海上防灾救灾等议题上存在诸多利益契合点。各国唯有通过合作治理，方可保障共同的海洋安全。

针对东亚地区海洋安全治理中存在的合作困境，中国可从低敏感度的非传统安全领域切入，以期逐步推动海洋安全合作进程。如从反海盗、禁毒、环保、海上救援等低敏感的功能领域入手，积极参与并推进国际海洋安全合作，为解决难度更高的问题打好基础，循序渐进地扩大合作领域，推进安全合作的外溢效应。深入开展东亚海洋安全合作，有益于维护和实现中国的海洋安全利益。在双边关系上，有利于中国同相关国家增进战略互信，推动海洋争端的和平解决；在区域合作上，有利于维护东亚海域共同、综合、合作、可持续的安全观，提升海洋安全秩序的系统稳定性。

五、结语

海洋安全秩序的稳定是中国与周边国家的共同利益所在。但当前，在东亚海洋安全秩序的系统演化进程中，安全秩序呈现失衡态势，整体安全形势出现局部动荡与不稳定。区域海洋安全治理在制度与合作上存在双重困境，使治理主体对海洋安全秩序的系统控制出现失灵现象，加剧了东亚海洋安全环境的趋紧态势。

---

① James. N. Rosenau & Ernst-Otto Czempeil, *Governance without Government : Order and Change in World Politics*(Cambridge: Cambridge University Press, 1992) , p. 5.

面对这一新的安全环境，中国需要积极推进海洋安全治理，稳定海洋安全秩序。“治理所要创造的结构或秩序不能由外部强加，其发挥作用是要依靠多种进行统治的以及互相发生影响的行为者的互动”。[①] 中国在东亚海洋安全领域，应发展与完善海洋安全治理体系，加强与海上邻国以及美国等域外强国在利益上的协调与行为上的合作，共同构建东亚海洋安全的“命运共同体”，在合作共赢的基础上更好地维护中国的海洋安全利益。

① 俞可平：《治理与善治》，北京：社会科学文献出版社 2000 年版，第 3 页。

透过“强征劳工”等问题看日韩矛盾的演进及影响

李　旻*

摘　要　“强征劳工”问题是2018年年末以来日韩关系急速恶化的导火索。日韩围绕“强征劳工”问题的争议既是两国对1965年《日韩请求权协定》第二条的法律解释问题，也是日本对朝鲜半岛殖民统治的“定性”问题。根据国际惯例和两国间的条约，“强征劳工”问题在法律层面有仲裁、调停、提交国际法庭等解决途径，但两国均更倾向于外交途径。韩国力推与日本共担赔偿责任的方案，避免被扣押日企资产进入拍卖环节使两国关系进一步恶化，但日方立场毫无松动，解决问题的前景并不乐观。“强征劳工”问题是日韩之间老矛盾的延续，也是新矛盾的起点，新冠病毒疫情则给日韩矛盾增添了新内容。重重矛盾将使日韩关系陷入长期“低位运行”状态，日韩关系的总体态势和具体矛盾之间也形成恶性互动关系。此外，日韩矛盾也将使美日韩、中日韩三边关系受到不同程度的影响。

---

* 李旻，中国国际问题研究院亚太研究所，助理研究员。

关键词 “强征劳工”问题 国际法 日韩矛盾 新冠病毒疫情

2018年10月30日，韩国大法院（最高法院）做出日本企业赔偿韩国“强征劳工”的判决，此举成为日韩矛盾集中爆发的导火索。2019年对于日韩两国而言是多事之秋，日本对重要半导体原材料实施出口管制、两国从贸易“白色清单”中互删对方、韩国声称拒绝续签《日韩军事情报保护协定》（以下简称《军情协定》）。这些措施使矛盾步步升级，双方关系几乎陷入1945年以来的最低谷。自2019年11月起，日韩关系出现缓和势头，韩国暂缓执行终止《军情协定》的决定，双方就“出口管制”问题启动谈判，12月，以第八次中日韩领导人会议为契机，韩国总统文在寅和日本首相安倍晋三也实现了时隔15个月后的首次领导人会晤。尽管双方为解决矛盾开始接触，但作为导火索的“强征劳工”问题却迟迟未见进展，使日韩关系的未来仍然阴云密布。本文将在分析“强征劳工”问题的核心争议和解决途径的基础上，探讨该问题在日韩矛盾演进过程中所处的位置，继而阐述重重矛盾下的日韩双边关系及其对美日韩、中日韩三边关系的影响。

一、“强征劳工”问题的核心争议

2018年10月30日和11月29日，韩国大法院分别就被告日本新日铁住金（前新日本制铁）公司和三菱重工在日本殖民统治朝鲜半岛期间“强征劳工”（日方称“征用工”）做出终审判决，维持了2013年首尔、釜山两地高等法院所做原判决结果，勒令被告向两案每位受害者原告分别赔偿1亿韩元（约合8.5万美元）和8000万韩元（约合6.8万美元）。对此，日本政府立即表示强烈反对，认为韩国大法院的判决违反《韩日请求权协定》，没有遵守国际条约。[①]

“强征劳工”问题的核心争议是1965年的《韩日请求权协定》（以下简称《协定》）是否已解决因“强制征用”而产生的“损害赔偿”。关于这一问题，有“肯定论”和“否定论”两种观点。

（一）肯定论

日本官方和大部分法律界人士认为，《协定》已解决所有涉韩赔偿问题，韩国的“强征劳工”不再具有向日索赔权利。《协定》第二条第一款规定：“两缔约国确认，两缔约国及其国民（包括法人）的财产、权利、利益以及两缔约国及其国民间的请求权问题……已得到完全和最终的解决。”根据《协定》的协议议事录（Ⅰ）（G），韩日请求权问题包含韩方提出的“韩国对日请求要纲”（以下简称“要纲”）范围内的所有请求，此后不得再针对此“要纲”提出任何诉求。而在要纲的八个项目中，第五项已提及“被征用韩国人的未收款、补偿金和其他请求权”。[②] 日方据此认为，日本根据《协定》向韩国提供的价值3亿美元无偿援助和2亿美元低息贷款中已包含对“强征劳工”的赔偿。在实际操作中，韩国已于1974年制定《关于对日民间请求权补偿的法律》，向被日本征用的死难者提供了每人30万韩元的赔偿。2007年，韩国卢武铉政府又以韩日公开文件为基础向殖民

① 苏英和、刘江永：《韩日关系恶化的成因、背景及前景》，《东北亚论坛》2020年第1期，第114—127页。

② 이근관,「한일청구권협정상 강제징용배상청구권 처리에 대한 국제법적 검토」,『서울대학교 法學』, 제54권 제3호, 2013년, 327—391。

统治时期的受害者提供了6300亿韩元左右的补偿金。[①] 这些事实被日方视为无须再向韩国的个人受害者提供赔偿的依据。

（二）否定论

以韩国大法院为代表的韩国法律界和少数日本学者持相反观点，认为《协定》并未解决所有涉韩赔偿问题。韩国大法院指出，《协定》和“要纲”的八个项目中均不见确认日本殖民统治“非法性”的内容，而本案涉及的请求权是与日本政府对朝鲜半岛的殖民统治及侵略战争相关的日企强制动员精神赔偿请求权，并非《协定》和“要纲”中提及的未发工资或补偿金。韩国法院据此认为，由“国家权力介入下的反人道不法行为和与殖民统治相关的不法行为”产生的“损害赔偿请求权”并不在《协定》第二条所提及的“得到最终解决的”请求权范围之内，韩国的个人受害者仍有权获得相应赔偿。[②]

从双方的核心论点中可以看出，围绕“请求权”的争议不仅是司法解释问题，也是日韩之间的历史认识问题。日韩两国于1965年签署《韩日基本关系条约》《韩日请求权协定》《在日韩国人法律地位协定》等五个条约及有关换文，实现邦交正常化。但由于种种原因，这些条约或协定回避了日本对朝鲜半岛殖民统治的“定性”问题。《韩日基本关系条约》前言并没有关于历史认识的内容，更无对韩国表示谢罪的言辞，日方只是在同年2月20日的日韩外相《共同声明》中

---

① 진창수,「한일관계 재구성을 위한 해법」,『세종정책브리프』, 2019년 제11호, 세종연구소, 2019, http://www.sejong.org/boad/1/egoread.php?bd=3&itm=&txt=&pg=2&seq=4920。

② 이기범,「한일관계와 국제법: 한일청구권협정의 해석차이를 해결하기 위한 방법 모색」, 서울: 아산정책연구원, 2019년 11월, http://www.asaninst.org/contents/한일관계와-국제법-한일청구권협정의-해석-차이를/。

对过去的关系“表示遗憾，作深刻反省”。[①]《韩日基本关系条约》在签订时即遭到韩国国内强烈反对，尤其是进步势力一直对1965年的邦交正常化未能确认日本对韩殖民统治的“非法性”耿耿于怀。可以认为，日韩两国历史认识的冲突是“强征劳工”问题的症结所在。

二、解决“强征劳工”问题的国际法途径和现实途径

“强征劳工”问题是日韩两国围绕《协定》第二条的解释产生的国际纠纷。《协定》本身规定了发生纠纷时的仲裁程序，而两国也可以选择调停或提交国际法院。

（一）仲裁

《协定》第三条规定，缔约国之间的纠纷应首先通过外交途径解决，如外交途径解决未果，则启动仲裁程序。缔约国一方收到另一方邀请仲裁公函后，双方应在30天内各自任命一个仲裁委员，并由该两位仲裁委员商定第三位仲裁委员或商定第三国政府指派一名仲裁委员，共同组成三人仲裁委员会。仲裁委员会的裁定具有法律约束力，两缔约国政府应当服从。问题在于，《协定》第三条并未对缔约国中的一方拒绝任命仲裁委员的情况作出规定。如出现这种情况，将导致仲裁委员会本身无法组成。

① 曹中屏等编著：《当代韩国史：1945—2000》，天津：南开大学出版社2005年版，第283—291页。

（二）调停

纠纷当事国可成立永久或临时调停委员会，该委员会可由三人（日韩和第三国各一人）或五人（日韩各两人，第三国一人）组成。调停委员会应无偏见地调查纠纷，并提出有可能被当事国接受的“调停报告”。1965年的《韩日基本关系条约》已提及通过调停解决纠纷，虽未规定调停的方法流程，但只要双方能就大框架达成协议，具体细节理应不成问题。调停的优势在于可通过“非公开”方式进行，“调停报告”也不具有法律约束力，这可以减少日韩双方的“政治负担”，提高解决问题的灵活性。

（三）提交联合国国际法院审判

位于荷兰的联合国国际法院由15位任期9年且可连任的法官组成，目前有日籍法官，但没有韩籍法官。由于没有本国国籍法官，韩国可根据《国际法院规则》第三十一条第二项选任一名临时法官作为第16人加入法官队伍，帮助其他法官更充分地理解韩方主张。提交联合国国际法院虽有可行性，但也有一些不利因素。首先，对簿公堂无助于日韩关系的恢复。其次，联合国国际法院的裁决过程旷日持久，至少需要三至四年。再次，提交联合国国际法院审判对韩方未必有利。帝国主义国家为其殖民统治做出赔偿的案例极少，最终结果可能是原告部分胜诉，部分败诉，甚至不排除完全败诉。[①] 目前，比较有

---

① 정성장,「한 · 일 관계의 회복을 위한 한국의 대일정책 전환 방향: 피해자 배상 요구에서 식민지배의 불법성 인정 요구로」,『세종논평』, 2019 년 제 25 호, 세종연구소, http://www.sejong.org/boad/1/egoread.php?bd=1&itm=&txt=&pg=2&seq=4947。

参考价值的案例是意大利“强征劳工”费里尼（Luigi Ferrini）诉德国政府案。意大利法院于1998年9月受理该案，在2004年3月判定德国在该问题上不享有“国家豁免”，德国政府在2008年12月向国际法院提起针对意大利的诉讼。国际法院于2012年2月作出裁决，否定了意大利最高法院关于“国家豁免”的主张，从而间接否定了费里尼获得赔偿的权利。虽然此案的性质和争议点与日韩“强征劳工”案略有不同，但仍有可能成为对韩方不利的判例。最后，联合国国际法院判决的法律约束力相比仲裁委员会的裁定并无本质不同，且流程更为复杂。因此，如能启动仲裁程序，则提交联合国国际法院实无必要。①

尽管仲裁、调停和提交联合国国际法院是可供日韩考虑的国际法途径，但两国均不把这一途径视为首选，更现实的出路仍在于通过外交途径来解决。目前，韩方正积极探索能够使日方接受的方案，其中最典型的属韩国国会议长文喜相的“1+1+α”案。该方案的要义是通过日韩企业共同出资和两国国民的自愿捐献设立财团，由财团赔偿“强征劳工”。2019年12月18日，包括文喜相在内的13名韩国国会议员以“1+1+α”案为基础提出“记忆、和解与未来财团法”，引起关注。2020年1月17日，日韩议员联盟干事长、前官房长官河村建夫表示希望该法案能够尽快获得通过，反映出日本国内一定程度上“认可”该法案。② 此外，韩国智库正在探讨的其他方案有：（1）由

---

① 이기범,「한일관계와 국제법: 한일청구권협정의 해석차이를 해결하기 위한 방법 모색」, 서울: 아산정책연구원, 2019 년 11 월, http://www.asaninst.org/contents/한일관계와-국제법-한일청구권협정의-해석-차이를/。

② 「방한 일한의원연맹 간사장 ‘징용배상’ 문희상안 입법 요청」, 연합뉴스, 2020 년 1 월 17 일, https://www.yna.co.kr/view/AKR20200118018400073?section=international/correspondents/index&site=major_news02。

韩国政府或16家从《韩日请求权协定》中受益的韩国企业先行支付赔偿，然后再向日本政府或企业“追偿”；（2）由韩方承担全部赔偿，日方只需承认殖民统治的“非法性”。[①]

虽然目前日韩双方的对立有所缓解，但根本分歧并未消弭。韩方的所有方案都是建立在尊重韩国大法院判决的基础之上，主张韩日两国政府和企业应共担赔偿责任，或至少让日本承担道义责任。而日方坚持认为韩国大法院的判决本身违反了国际法，主张日方不应提供任何经济补偿或承担道义责任。在2019年12月24日的会晤中，日韩首脑将会谈时间的三分之一（约15分钟）用在了“强征劳工”问题上，但除了确认彼此立场之外别无进展。[②] 目前，韩国大邱地方法院浦项分院和大田地方法院分别扣押部分涉案日企资产。按原定时间表，这些资产将在2020年年内拍卖变现，并偿付给原告。如果日韩在此环节之前无法得出解决方案，两国关系必然再起风波。据悉，一旦日企被扣押资产被拍卖，日本政府将考虑扣押韩方资产或提高对韩关税等多达两位数的报复方案。[③] 目前来看，“强征劳工”受害者和原告方律师顾及日韩关系现状和国内舆论，不急于拍卖日企资产，但相关法院仍有可能随时启动该环节，日韩两国政府依然需要为“最坏的情况”做准备。[④]

---

① 정성장，「한・일 관계의 회복을 위한 한국의 대일정책 전환 방향：피해자 배상 요구에서 식민지배의 불법성 인정 요구로」，『세종논평』，2019 년 제 25 호，세종연구소，2019，http://www.sejong.org/boad/1/egoread.php?bd=1&itm=&txt=&pg=2&seq=4947。

② 「日언론 “15 개월만의 한일정상회담，성과없지만 대화계속에 의미”」，연합뉴스，2019 년 12 월 25 일，https://www.yna.co.kr/view/AKR20191225016300073?section=search。

③ 「일본，韓의 日기업 자산매각 대비 두 자릿수 보복 옵션 준비」，연합뉴스，2020 년 4 월 30 일，https://www.yna.co.kr/view/AKR20200430064300073?section=international/all。

④ 진창수，「한일 정부는 플랜 B 를 고려해야 한다」，『정세와 정책』，2020 년 제 7 호，세종연구소，http://www.sejong.org/boad/1/egoread.php?bd=2&itm=&txt=&pg=1&seq=5296。

三、“强征劳工”案与日韩矛盾的演进

2018年以来，日韩矛盾从历史认识和领土争端扩大至经贸、安全合作领域，矛盾焦点经历了从“针对过去”到“着眼当下”的转变。而“强征劳工”案恰好成为日韩之间老矛盾和新矛盾的连接点。此外，2020年新冠病毒疫情的爆发不仅没有成为日韩关系改善的契机，反而使两国矛盾更加尖锐。

（一）日韩矛盾从“针对过去”到“着眼当下”

独岛（日称竹岛）主权争议、“慰安妇”、历史教科书、“强征劳工”等问题是困扰日韩关系的老矛盾。这些问题的共同点是“针对过去”。独岛问题虽然是实实在在的主权争端，但其本源仍是历史遗留问题，而“慰安妇”问题、历史教科书问题和“强征劳工”问题更是直接和历史认识相关。在2018年之前，历史认识可以说是日韩之间的核心矛盾。据日本言论NPO和韩国东亚研究院于2018年进行的联合调查，对韩国持负面印象的日本民众达到受访者的46.3%，其中高达69.3%的受访者将“在历史问题上批判日本”作为理由，而韩国民众对日本持负面印象的比例达到50.6%，其中有70%的受访者将“不反省侵略史”作为理由。① 由于这些矛盾主要“针对过去”，长期以来并未对日韩在现实层面的合作产生严重负面影响。但自2018年“强征劳工”问题激化以后，日韩分别以出口管制措施和终止《军情协定》

① 일본언론 NPO 및 한국 동아시아연구원,「2018 년제 6 회 한일 국민 상호인식조사」, 서울: 동아시아연구원, 2018, http://www.eai.or.kr/documents/190612_2.pdf。

作为反制手段，使日韩矛盾突破原有界限，开始深刻影响两国的经贸关系和安全合作。“强征劳工”案既是日韩之间老矛盾的延续，也是新矛盾的起点。至此，日韩不再仅仅“针对过去”，也“着眼当下”，以现实利益作为筹码进行博弈。

（二）因果相扣的日韩关系新矛盾

作为新一轮日韩矛盾的导火索，“强征劳工”问题与随后爆发的“出口管制”问题、《军情协定》问题形成因果相扣关系。“强征劳工”案并不是日本对韩采取出口管制措施的唯一原因。日本至今仍将“出口管制”归于战略物资安全问题，不愿承认其因“强征劳工”案而起。也有分析认为，日本挑起贸易战的真正动机，一是要从东亚区域价值链获取更大利益，二是要改变在朝鲜半岛问题上被边缘化的局面。[①] 但不管怎样，“强征劳工”案的判决是导致“出口管制”问题的最直接原因。而韩国做出终止《军情协定》的决定实际上是针对日方的出口管制措施，这两个问题同样形成一组因果关系。因此，如果作为问题源头的“强征劳工”问题得不到解决，后两个问题的解决也将举步维艰。

随着韩国暂缓终止《军情协定》，该问题暂时淡出视线。而在“强征劳工”问题僵持不下的情况下，“出口管制”问题成为目前双方着力解决的重点。两国于 2019 年 12 月中旬重启出口管理政策对话，日方也在 12 月 20 日对管制对象之一的光刻胶放松了限制。另据日本财务省统计，2019 年 12 月日本出口至韩国的高纯度氟化氢出现大幅

---

① 朴光姬、李天国：《日韩贸易争端的起因、走向及启示》，《东北亚学刊》2020 年第 2 期，第 76—88 页。

回升，达到794吨，是前一个月的838倍。[①] 然而，双方对解决问题的“时间表”持有完全不同的理解，韩方认为应在“数月”之内完全解除对韩出口管制，而日方则认为解决问题需要“数年”时间。[②] 2020年3月10日，韩国产业通商资源部和日本经济产业省通过视频会议形式进行第八次政策对话，但未能就“出口管制”问题取得任何进展。[③] 5月12日，韩国政府要求日本在月底前就是否放宽出口管制措施表明态度，而日方最终以“综合评价出口管理”搪塞了韩方要求。6月2日，韩国决定就“出口管制”问题重启世界贸易组织（WTO）争端解决程序。[④] 显然，日本仍想通过“出口管制”问题制衡“强征劳工”问题。而如果日本不放松出口管制措施，韩国可能再次打出终止《军情协定》这张牌，对日施压。

（三）新矛盾爆发并未冲淡老矛盾

新矛盾的集中爆发吸引了日韩大量注意力，但这并未影响两国对老矛盾的执着。在2020年版的《外交蓝皮书》中，日本再次宣称韩

① 「일본 작년 12 월 불화수소 한국 수출, 전월 대비 838 배로 급증 (종합) 」, 연합뉴스, 2020 년 1 월 30 일, https://www.yna.co.kr/view/AKR20200130077151073?section=international/correspondents/index&site=major_news02。

② 「日, 韓에 “캐치올” 규제 정비요구…수출규제 재검토 몇년 걸려」, 연합뉴스, 2019 년 12 월 17 일, https://www.yna.co.kr/view/AKR20191217048400073?section=search。

③ 「코로나 19 로 더 꼬인 한일관계…일본 수출규제 장기화」, 연합뉴스, 2020 년 3 월 11 일, https://www.yna.co.kr/view/AKR20200311059300003?section=economy/economic-policy。

④ 「日 ‘수출관리, 종합적 평가할것’ …韓 ‘해제요구’ 사실상 거부」, 연합뉴스, 2020 년 6 월 1 일, https://www.yna.co.kr/view/AKR20200601162900073?section=international/all&site=major_news03; 「정부, 일본 수출규제 조치 WTO 분쟁 해결 절차 재개키로」, 연합뉴스, 2020 년 6 월 2 일, https://www.yna.co.kr/view/AKR20200602101400003?section=economy/all&site=topnews01。

国非法占有日本领土竹岛，引发韩国政府强烈抗议。① 另一个棘手的矛盾是“慰安妇”问题。自文在寅政府上台以来，“慰安妇”问题一直是日韩关系中的不定时炸弹。2019 年 12 月 27 日，韩国宪法裁判所做出裁决，认定朴槿惠政府时期签署的《韩日慰安妇协定》并不涉及违宪问题，暂时避免了该问题再次点燃日韩矛盾。然而，自 2018 年 11 月“和解与治愈基金会”启动解散程序之后，《韩日慰安妇协定》事实上已名存实亡，围绕“慰安妇”问题的矛盾随时可能再度爆发。

（四）新冠病毒疫情下的日韩矛盾

2020 年年初的新冠病毒疫情给日韩带来严重冲击，两国累计感染人数均在万人以上，经济损失难以估量。疫情吸引大部分舆论焦点，客观上使日韩民众对两国矛盾的关注有所下降，为改善双边关系营造了氛围，而共同抗疫更是日韩摈弃前嫌的机遇。实际上，两国也采取了一些友好举措，例如，双方的专机在从印度、苏丹等国撤侨的过程中，也向对方的侨民伸出援手，助其顺利回国。② 双方也通过“中日韩”“10+3”等平台进行了抗疫合作。但总体来看，疫情不仅没能使日韩关系缓和，反而给两国矛盾增添了新内容。2020 年 3 月 5 日，日本以防疫为由发布针对韩国的入境限制措施，中断了韩国人的免签入境。而韩国政府认为此举是“外交性质的措施”，而非出于防疫需求，因此，立即对日本采取了对等的入境限制措施。这也是韩国政府在疫

---

① 「日외교청서 ‘독도 불법점거’ 또 주장…정부, 강력 항의 (종합) 」, 연합뉴스, 2020 년 5 월 19 일, https: //www.yna.co.kr/view/AKR20200519047251073?section=local/all&site=major_news02。

② 「이번엔 일본이 돕는다…日항공기로 인도 · 수단서 한국인 철수 (종합) 」, 연합뉴스, 2020 년 4 월 14 일, https: //www.yna.co.kr/view/AKR20200414117351504?section=politics/all。

情期间采取的绝无仅有的“报复性措施”。3月末，韩国总统府（青瓦台）主页收到参与人数超过32万的国民请愿，主张将韩国出口海外的新冠病毒诊断工具命名为“独岛”。日本外相于4月3日对此做出回应，称“竹岛”是日本固有领土。① 韩国人的“抵制日货”运动日益常态化，加上疫情引发的消费萎缩，使日本对韩消费品出口遭到沉重打击。2020年4月，日本对韩啤酒出口同比下降87.8%，而日本汽车在韩国进口车中的比例（按进口额计算）从2月的10.6%下降至4月的5.5%。②

在个别问题上，新冠病毒疫情的影响具有双重性，东京奥运会的推迟举办是一个典型的例子。文在寅在2020年1月14日的新年记者会上指出，“韩方将为东京奥运会的成功举办而努力”，被日本媒体解读为韩方“将东京奥运会作为改善两国关系的契机”。③ 但由于日本打算在奥运会上使用韩方极度反感的日本军旗“旭日旗”，因此，奥运会本身有可能引发日韩之间另一场矛盾。可以认为，东京奥运会的推迟举办，一方面使日韩错过了改善关系的一次契机，另一方面也使双方暂时躲过了两国关系的另一个“爆点”。

---

① 「日외무상, 韓진단키트 “독도 명명” 청원에 “日고유영토” 망언」, 연합뉴스, 2020년4월3일, https://www.yna.co.kr/view/AKR20200403106500073?section=local/all。

② 「일본 불매는 계속된다… 지난달 일본 맥주·車 수입 급감」, 연합뉴스, 2020년 5월 24일, https://www.yna.co.kr/view/AKR20200522137400003?section=economy/all&site=major_news04。

③ 「문 대통령 “피해자 동의” 발언에 日언론 “한일 입장차 커”」, 연합뉴스, 2020년 1월 14일, https://www.yna.co.kr/view/AKR20200114154400073?section=search。

四、重重矛盾下的日韩关系及其对美日韩、中日韩关系的影响

自2018年“强征劳工”案宣判以来，日韩关系陷入新老矛盾叠加的重重困局。日韩矛盾不仅使双边关系的前景蒙上阴影，也将对美日韩、中日韩三边关系产生中长期影响。

（一）日韩关系的未来走向

应该看到，日韩关系仍保持着一定“韧性”，其根基并未出现根本性动摇。尽管两国政府因出口管制问题剑拔弩张，但两国企业界还是维持着良好的关系，降低了日韩矛盾对产业链的冲击。以日韩议员联盟代表的沟通机制依然在有效运转。就在2020年1月10日，日本自民党干事长二阶俊博向韩国韩日议员联盟会长姜昌一表示将率领千人代表团于8月前访韩，表达出改善日韩关系的明确意愿。这些机制的存在一定程度上给日韩关系起到了“减震器”的作用。

但综合来看，此轮“强征劳工”案激发的日韩矛盾绝非短暂的风波，它可能使日韩关系长期“低位运行”。两国间的互信已严重受损，韩国进一步将日本视为不愿承认殖民统治非法性的不道义国家，日本则进一步将韩国视为不遵守国际法的失信国家，而且这种看法正在不断固化。这意味着，两国今后签署任何合作协议都将面临较大的国内阻力和政治负担。不仅如此，两国间现有的合作协议也将深受影响，其中比较典型的就是《军情协定》。签署该协定本身就是美国以促成美日韩三边同盟为目标有意撮合的结果，象征意义大于实际意义，日

韩两国根据该协定交换情报的次数也不多。协定签署以来，两国交换情报共计22件，其中2016年1件、2017年19件、2018年2件。[①] 韩国政府在2019年11月暂缓终止该协定，使其免受殃及，但经历此次风波以后，该协定的实效性将进一步下降，甚至有可能继《慰安妇协定》之后成为日韩之间又一个名存实亡的协定。

日韩之间的具体矛盾和日韩关系的总体态势之间形成一种恶性循环。日韩关系陷入“低位运行”状态是两国间的具体矛盾不断积累的结果，而这种负面态势反过来又形成了巨大的思维惯性和政治负担，给具体矛盾的解决造成了难以克服的阻力。因此，包括“强征劳工”问题在内的日韩悬案能否解决，一方面取决于双方是否能找到妥善的解决方法，但更关键的问题在于两国决策者和民众能否恢复理性思考，打破已经形成的负面态势，构建日韩关系新范式。

（二）日韩矛盾对美日韩关系的影响

美国一直谋求塑造美日韩三边同盟，因此，日韩矛盾的加剧和长期化无疑给美国出了一大难题。日韩之间难以形成同盟级合作，将使美日韩三边关系长期停留在美日同盟和美韩同盟的堆砌，难以形成真正意义上的三边同盟。不仅如此，美国在此次日韩矛盾中的“选择性干预”政策说明，其无意从日韩本身的利益出发解决两国矛盾，进一步暴露其日益严重的利己主义倾向以及在同盟管理中目标与投入的不匹配。

实际上，美国与日韩之间的双边关系也出现了不和谐声音。特朗

① 李枏：《同盟管理的两难困境——以美日韩三边关系为例》，《当代美国评论》2019年第3期，第61—79页。

普政府大力推进“美国优先”外交政策理念，将“公平贸易”和“防务分担”作为解决与日韩等传统军事盟友“不公平”“不对等”关系的两大突破口，通过施压的方式，迫使后两者在经贸和防务开支两大议题上向美国让步。美国一向声称，美国与日韩等亚洲国家的军事同盟关系是建立在“共同价值”和“共同利益”之上。但是，如果特朗普政府斤斤计较于联盟关系的利益得失和对等，那么日韩等国也将反思非对称军事同盟在新的时代条件下是否真的符合它们各自的国家利益，是否真的有助于地区的和平、稳定与繁荣。① 美日、美韩双边关系中的问题和美国在日韩矛盾中的作为叠加在一起，加速了日韩两国的反思。

2020年1月19日，《美日安全保障条约》迎来60周年，日本主要媒体在强调美日同盟重要性的同时，也发出了反思的声音。《朝日新闻》批判《美日安全保障条约》凌驾于日本宪法之上，并使“和平宪法”的理念持续倒退。该报还指出，“美国不再是国际秩序的拥护者，反而成为制造混乱的存在……日本不应仅仅成为美国的代言人，而应具有自主性思考”。《每日新闻》也认为，日美关系应摆脱日本跟从美国的结构。②

韩国不仅在日韩矛盾中看不到美国对盟友的诚意，而且在驻韩美军费用分担等问题上也饱受压力，以致一向亲美的韩国保守势力也对美国产生不满。2019年以来，韩国陆续采取对美示好政策，例如，积

---

① 韦宗友：《“美国优先”对美日、美韩同盟的影响》，《国际问题研究》2019年第6期，第84—98页。

② 「일본 주요매체, 미일안보조약 엇갈린 평가 속 “종속심화에 우려”」, 연합뉴스, 2020년 1월 19일, https://www.yna.co.kr/view/AKR20200119024900073?section=international/correspondents/index&site=major_news02。

极推动韩“新南方政策”与美“印太战略”对接，承诺在霍尔木兹海峡协助美军等。这些措施很大程度上是为了通过利益置换达到减压目的。美国虽然可以在短期内“占得便宜”，但如果特朗普的同盟政策延续下去，必将对美韩同盟造成不可逆的创伤。另外，出于未来构筑朝鲜半岛和平机制的需要，韩国国内关于调整美韩同盟关系的呼声也渐渐高涨。

（三）日韩矛盾对中日韩关系的影响

日韩关系是中日韩三边关系中的重要一环，但目前来看，日韩矛盾尚未对中日韩合作造成实质性影响。鉴于当前双方高层不便直接对话的情势，日韩自2019年以来将中日韩合作机制视为恢复对话、缓和矛盾的平台。双方的防疫合作也多在中日韩合作机制下开展。短期来看，日韩矛盾凸显了中日韩合作机制的存在价值和重要性。然而，从中长期来看，日韩矛盾也向中日韩合作敲响了警钟。尤其值得警惕的信号是，两国将战火烧到了经济领域和科技领域。诚然，以“出口管制”问题为代表的经济摩擦是只是此轮日韩矛盾的一个方面，甚至可以说是最有希望解决的领域，但它反映了过去几十年来中日韩经贸关系的结构性变化。由于中韩在全球产业链中的地位相对提升，导致中日韩三国的产业竞争加剧，互补性相对减弱，三国间的分工结构从垂直分工为主转向水平分工与垂直分工相结合的形态。[①] 这种转变意味着中日韩三边关系在蕴藏巨大潜力的同时也面临着越来越多的贸易摩擦、科技争端风险。日本对韩国的半导体产业发起的“精准打击”可

① 허재철,「동북아시아 경제안보의 새로운 도전」，第四届中日韩安全合作国际研讨会会议论文，2019年10月19—20日，长沙。

以说开了一个危险的先例。

五、结语

2018年年末以来，日韩矛盾以“强征劳工”问题为导火索迎来集中爆发，从传统的历史认识、领土争端领域扩散到经贸、安全合作领域。如今的日韩关系交织着历史积怨、国民情感、国内政治以及由两国国力相对消长带来的结构性矛盾，短暂的缓和不易，实质性解决问题更难。当然，两国间的对话合作机制依然有较强的生命力，限制了矛盾的激化程度。这意味着在未来相当长的一段时期内，日韩关系将呈现“低位运行，矛盾频发”的特点。新冠病毒疫情和东京奥运会等特殊时期或许能给两国关系回暖提供契机，但即使出现回暖，对其程度和持续时间也不应有过高的期待。作为东北亚地区重要的双边关系之一，日韩关系出现的问题具有广泛的地区影响，美日韩、中日韩等三边关系首当其冲。对日韩矛盾的地区影响进行全面、长远的评估，有助于中国更好地发挥大国担当，降低日韩矛盾对东北亚和平发展的负面影响。

百年大变局下中国国际贸易环境面临新挑战

张丽娟*

摘　要　在百年未有之大变局下，中国的对外贸易环境正面临全新的挑战。中国与发达经济体的贸易竞争不断增强，国际贸易竞争更多地聚焦于制度竞争和技术竞争，国际多边贸易体系为发展中国家提供的政策空间正在缩小，中国与世界的经济联系也已改变。在推动由商品和要素流动型开放向规则等制度型开放的新格局下，中国应着力完善贸易政策机制，加快贸易法规体系的改革，建立和优化贸易促进机制和贸易援助机制，加强贸易政策的协调机制，完善数字贸易规则并积极参与国际数字贸易规则的制定。

关键词　国际贸易　中国对外贸易　贸易规则　贸易竞争

当今世界正处于百年未有之大变局，全球化已经进入新阶段，世界经济正在经历结构性变革，国际贸易格局正在发生深刻变化。这些前所未有的转变，同时影响和改变着自《关税与贸易总协定》

---

* 张丽娟，山东大学经济学院教授。

（GATT）签署以来所建立的国际贸易秩序和贸易环境。当前，世界贸易组织（WTO）所发挥的多边贸易治理的核心作用正在减弱，国际贸易治理体系的重构迫在眉睫，发达经济体的国内政治与经济现状助长贸易政治化倾向和贸易保护主义。中国面临的国际贸易环境不仅与改革开放初期截然不同，而且与21世纪初期相比也有很大变化。深入研判对外贸易环境的变化，理性思考应对之策，是中国从贸易大国走向贸易强国面临的重大挑战。

一、中国国际贸易环境面临的新挑战

百年未有之大变局下的国际贸易内外环境已经发生了重要转变，全球贸易竞争的不确定性正在持续加大，中国与发达经济体的贸易竞争明显趋强，竞争的主要领域也从产品竞争扩展到制度和技术竞争领域，与此同时，中国与世界之间的经济联系也在改变。这些变化仍在进行或将进一步加剧，对中国未来国际贸易发展形成新挑战。

（一）全球贸易不确定性正在加大

近两年的全球贸易形势并不乐观。2019年的全球贸易处于疲弱状态，判断全球贸易现状和趋势的相关指标均出现下降。世界贸易组织公布的货物贸易晴雨表读数为95.7，连续四个季度低于趋势水平（100），全球出口订单指数降至2012年10月以来最低水平。2020年伊始，受新冠病毒疫情全球大流行的影响，世界经济陷入经济衰退，甚至有学者认为是经济萧条。随着疫情在全球蔓延，全球供应链中断，跨国公司运营部分停滞，贸易不确定性持续加大。2020年4月14

日，国际货币基金组织（IMF）发布《世界经济展望》，预计2020年全球GDP增速为-3%，此前预期为3.3%。国际货币基金组织警告，全球经济极有可能经历自20世纪30年代大萧条以来最严重的经济衰退，其影响将超过10年前全球金融危机时的水平。尽管世界主要经济体加大财政和金融政策支持力度，力求避免全球经济衰退的风险，但由于此次经济衰退诱因的特殊性，加上受负利率政策扩散和国际金融市场投资信心缺失等因素影响，未来全球贸易的不确定性仍将持续相当长的时期。这是今后中国对外贸易面临的全球局势，由于疫情的蔓延和防控效果尚无法科学预测，这就意味着，改变和影响这一局势的变量自身也存在着较大不确定性。

（二）中国与发达经济体的贸易竞争趋强

改革开放推动了中国对外贸易的快速发展，进一步加深了中国与美欧，以及日韩等主要发达经济体的经贸依存。与此同时，随着发达经济体对华贸易逆差的扩大，对华贸易与国内就业以及产业发展的关系问题，开始在发达经济体内部引发旷日持久的政策辩论，地缘经济与贸易政治使得中国与发达经济体之间的贸易竞争与冲突日益加剧，最近几年尤为突出。自2001年中国加入世界贸易组织以来，世界贸易组织争端解决机制中有半数以上的贸易纠纷与中国有关，这些贸易争端既涉及传统产业领域，也涉及高新科技领域；既有贸易产品问题，也有贸易政策问题。这些争端都表明，当前的国际贸易比以往更具有政治性和战略性，贸易竞争优势不仅与产品价格构成有关，还与一国秉持的贸易政策和产业竞争政策甚至经济发展范式有关，这是当前国际贸易制度环境转变的主要特征。由此，在主要贸易伙伴的贸易政策议程上，中国不仅是重要的贸易伙伴，还是主要的竞争对手，甚至被有些国家视为“战略竞争对手”。中国与发达经济体的贸易竞争与冲突明显趋强。

（三）贸易竞争扩展至制度竞争和技术竞争领域

改革开放40年来，中国对外贸易的基本政策目标是扩大出口，实现出口创汇，“中国制造”产品在世界市场的比较优势主要是价格优势。随着综合经济实力的显著增强，中国逐渐走近世界经济舞台的中央。全世界都在关注中国经济实力的崛起和在全球贸易竞争中地位的上升，主要关注点不仅是贸易互补与共赢，越来越多地开始关注与贸易有关的核心技术，特别是技术创新来源与知识产权保护，“中国制造”产品是否是在合理的劳动强度和符合环境标准的前提下生产、中国贸易政策的公平性和合规性、中国跨境贸易的便利程度、中国国有企业是否引发不公平竞争等制度层面和技术层面的一系列问题。由此，中国与主要贸易伙伴间的贸易制度摩擦逐步加深，制度的协调成为贸易政策博弈的重点。随着全球化经济的发展，不同制度国家间的对接更加频繁，日益紧密的经贸关系使具有制度异质性的两个国家间的制度矛盾愈加突出。[①] 中美贸易争端聚焦高科技产业，中美贸易谈判重在技术转让、知识产权和创新制度等领域的法律政策和程序。中国面临的国际竞争环境的挑战，很大一部分来自贸易制度的层面，也有贸易政策程序的效率和营商环境制度的公平性等问题，贸易竞争已经从产品竞争进入制度竞争和技术竞争领域。

---

① 东艳：《制度摩擦、协调与制度型开放》，《华南师范大学学报（社会科学版）》2019年第2期，第79—86页。

（四）多边体系改革聚焦发展中国家的“政策空间”

关于发展中国家的“政策空间”（policy space）问题是最近两年的国际经贸热点问题。《2014 年联合国贸易与发展报告》[①]（以下简称《报告》）指出，作为独立的全球经济的一部分，“政策空间”是赋予各国政府一定的自由度，各国根据本国实际来确定和实施最适当的经济政策和社会政策，以实现公平和可持续发展。《报告》同时提出，关于多边贸易规则的谈判，需要关注发展中国家的合理关切。与此同时，发展中国家在参与双边和区域贸易与投资协定时，应认真考虑“政策空间”的丧失。[②] 从《关税与贸易总协定》到世界贸易组织，全球多边贸易体系发挥了不可替代的作用。随着国际贸易政策议题的扩展，世界贸易组织对全球贸易的治理开始显现滞后。一方面，世界贸易组织的决策效率在“协商一致”的原则下难以实现；另一方面，世界贸易组织争端解决机制已于 2019 年 12 月 11 日停摆。鉴于全球主要发达经济体与发展中经济体之间的经济实力差距缩小加快，世界贸易组织框架下发展中国家的“特殊与差别待遇”所提供的“政策空间”正在同步缩小，是否保留发展中国家在世界贸易组织框架下的特殊和优惠待遇，仍然是世界贸易组织改革的主要分歧之一。[③] 在制度层面，多边贸易体系赋予发展中国家特殊地位的“政策空间”正在缩

---

① United Nations Conference on Trade and Development, *Trade and Development Report*, 2014, https://unctad.org/en/pages/PublicationWebflyer.aspx?publicationid=981.

② United Nations Conference on Trade and Development, *Trade and Development Report*, 2014, https://unctad.org/en/pages/PublicationWebflyer.aspx?publicationid=981.

③ 张向晨，徐清军，王金永：《WTO 改革应关注发展中成员的能力缺失问题》，《国际经济评论》2019 年第 1 期，第 9—33 页。

小，这也是自国际多边贸易体系成立以来前所未有的挑战。

（五）中国与世界之间的经济联系正在悄然改变

在百年未有之大变局下，中国与世界之间的经济联系正在悄然改变。麦肯锡全球研究院编制的中国—世界经济依存度指数显示，在贸易、科技和资本三个重点维度上，中国对世界经济的依存度相对有所降低。相反，世界对中国经济的依存度却相对有所上升。这表明中国经济发展重点正转向内需。在很多消费领域，中国已经与世界高度融合。① 因此，中国与世界之间的经济联系正在发生变化，这些变化和趋势，都会对未来全球贸易产生影响。中国倡导构建人类命运共同体，推动完善全球治理体系，加强与世界的经济联系，推动解决全球增长议题。面临百年未有之大变局，中国“既是大变局的主体，也是大变局的客体。作为主体，中国自身会经历经济、政治、社会、文化的巨变，成为世界综合实力最强的现代化国家；作为客体，中国会努力推动现行国际关系和国际秩序的调整与改革。因此，中国必须担当好两个角色，把握好变化的大局，让世界变局与中国变局能够实现良性互动，这既是挑战，也是责任。”②

综上所述，百年大变局下我国所处的国际贸易环境已经发生深刻变化，认真审视这些变化带来的新挑战，思考改革完善中国贸易机制的主要策略，是中国建设贸易强国的重要议题。

---

① 麦肯锡全球研究院：《中国与世界：理解变化中的经济联系》，McKinsey & Company，2019年7月，https://www.mckinsey.com.cn/中国与世界%ef%bc%9a理解变化中的经济联系/。

② 张蕴岭：《对“百年之大变局”的分析与思考》，《山东大学学报（哲学社会科学版）》2019年第5期，第1—15页。

二、如何应对国际贸易新挑战的对策思考

改革开放以来，中国对外贸易实现了历史性跨越，但国际经贸规则制定能力、创新能力等方面还存在差距。当前，中国经济正在由高速增长阶段转向高质量发展阶段，面对国际贸易的新形势、新环境和新挑战，中国应加快完善贸易政策和制度体系，提升贸易制度和营商环境的国际竞争力。

（一）健全贸易法规体系，增强贸易制度合规性

贸易制度和贸易立法构成最重要的国际贸易竞争力，是国家治理体系的组成部分，是中国从贸易大国发展成为贸易强国的重要前提。改革开放以来，中国对外贸易法律制度和立法从无到有，不断完善，形成了较为完整的法规体系。党的十一届三中全会确立了健全社会主义法制建设的“有法可依，有法必依，执法必严，违法必究”十六字方针；党的十八届四中全会制定了推进全面依法治国的顶层设计，提出要“适应对外开放不断深化，完善涉外法律法规体系，促进构建开放型经济新体制”；党的十九大提出了新时代推进全面依法治国的新任务。这些重大国策的出台，一方面是适应国内经济发展的需要，对法律制度进行补充和完善；另一方面，也是适应国际经济协调和全球治理的需要，提出的更高目标和要求。建立公平且透明的贸易法规体系，是制度型开放政策的重要组成部分。

根据全球贸易发展趋势和制度型开放新格局的新特点，应认真评估现行对外贸易法规，特别是《反倾销条例》《反补贴条例》《保障

措施条例》及与对外贸易有关部门的行政管理规章和司法解释的效力与不足，及时加以修订补充和完善。同时，也要充分考虑国际多边贸易体系、区域和双边自由贸易协定的约束、交叉与不足，增强国内贸易制度和贸易立法的合规性，提升中国对外贸易立法的国际化水平。在多边领域，中国在世界贸易组织《信息技术协定》《环境产品协定》《贸易便利化协定》等诸边协定中应发挥更加积极的作用，加快推动签署《政府采购协定》。在21世纪贸易政策的新议题和新领域，应加快建设与贸易相关的知识产权法律体系、与贸易有关的环境保护与气候变化立法、与大数据和跨境电商有关的数据贸易立法等。中国国际贸易地位的提升，对国内相关领域的立法提出了更高的要求。中美贸易知识产权争端的启示之一在于，“知识产权法典化不仅要在民法体系下展开，也要纳入商法、贸易法领域的知识产权规则。我国知识产权立法应当统筹考虑商法、贸易法尤其是对外贸易法领域的知识产权规则”。[①] 改革和完善中国对外贸易立法和法律制度，既要与国际贸易规则和国际条例接轨，也要与中国建设社会主义法治国家、加快建设知识产权强国、推进贸易强国建设的战略目标相一致。

（二）优化进出口结构，提升贸易便利化水平

自改革开放以来，出口创汇曾是中国对外贸易的主要目标。今后中国对外贸易应坚持扩大进口、提质出口和平衡发展的基本策略，通过优化进出口结构，进一步提升贸易国际化水平，深度融入全球贸易体系。在制造业出口方面，应着力关注制造业的产业升级策略。产业

① 吕炳斌：《从中美贸易摩擦看我国知识产权法治的未来方向》，《人民论坛·学术前沿》2018年第17期，第38—46页。

升级不仅带来制造业部门劳动生产率的提高，直接对经济增长做出贡献，而且，制造业升级带来的收入提高还为其他部门的发展提供了动力源泉（对服务业、基础设施更高的需求和收入支撑）。①

扩大进口是满足人们对高质量生活需求的重要途径，也是倒逼中国产业结构优化升级的必然要求。扩大进口，一方面，可以通过进口商品的技术溢出和示范效应，直接带动国内产业转型升级，提升国际竞争力；另一方面，繁荣来自竞争，进口的扩大对国内对应商品和服务的生产势必产生竞争压力，而这种压力同时也是推动中国企业提升产品和服务质量效益、开发新产品与新服务的动力。②

在提升贸易便利方面，中国应积极推动世界贸易组织《贸易便利化协定》的全面实施，加速推进简政放权、放管结合、优化服务的政府职能改革，切实优化国内的营商环境，大幅提高国际贸易的便利化程度。2017 年 2 月，世界贸易组织《贸易便利化协定》正式生效，该协定已在包括中国在内的 140 多个国家实施。履行《贸易便利化协定》是中国加快提升贸易便利化水平的需要，也是中国遵守世界贸易组织规则、维护多边贸易体制的责任和担当。贸易便利化水平是中国在新一轮经济全球化进程中是否具有国际竞争力的重要因素，并将发挥日益重要的作用。

（三）健全就业保障体系，完善贸易调整援助制度

对外贸易对国内经济和民生的影响也有消极的一面，一些进口竞争行业的就业和民生可能受到冲击。因此，有必要建立贸易调整援助

① 张斌等：《从贸易数据透视中国制造业升级》，《国际经济评论》2017 年第 3 期，第 13—27 页。

② 张宇燕：《扩大进口是我国坚持的既定方向》，《经济日报》2018 年 5 月 21 日。

制度，保护开放贸易中弱势群体的利益，对进口竞争引发的失业和就业再培训等予以补偿，加强产业政策与贸易政策的衔接，建立符合国际惯例的贸易调整援助和救济体系。中国应在借鉴国际经验的基础上，发挥自身的制度优势，建立贸易调整援助制度，对因贸易竞争而导致的企业受损和人员失业等问题，特别是中小企业的营运困难，可通过财税金融政策实施特殊补助和救济。目前，中国已尝试在上海自贸区试点建立贸易调整援助制度，对因受国际贸易影响而造成贸易竞争力下降的企业，通过购买公共服务的方式给予技术和资金等方面的援助，帮助其恢复进出口竞争力。在上海自贸区进行试点的基础上，应尽快加强贸易援助制度的完善，尽早建立国家贸易调整援助体系，尽快在全国范围推广。

在产业政策方面，特别需要关注基础性产业、战略性新兴产业以及具有竞争优势产业的发展动态，完善相关领域的贸易救济措施，加强贸易救济制度建设。一方面，积极运用世界贸易组织的各种贸易救济措施，合法有效地维护国内产业的利益；另一方面，积极运用世界贸易组织争端解决机制，应对贸易伙伴国实施不公平的贸易救济措施。中国贸易救济补偿机制建设应当兼顾两个层面的目标：在国内层面，将促进就业和保障民生纳入贸易调整和援助补偿机制的范畴，切实体现中国贸易发展服务国家利益和提升民生福利水平的目标；在国际层面，重在对贸易制度合规性的政策制定，有效应对国际贸易保护主义对中国经济带来的负面影响。

（四）完善产业竞争保护政策，建立产业损害预警机制

建立健全产业竞争保护机制，并非实施贸易保护主义。贸易保护

机制应体现贸易政策为产业和企业服务的原则，健全产业损害预警体系，重视进口预警机制和争端响应机制建设。通过产业损害预警体系及时跟踪和评估贸易对国内产业的影响，为及时调整相关的贸易政策提供可靠依据，体现政策制度服务于产业发展和企业决策的宗旨。为此，在研究制定扩大进口政策机制时，应建立进口预警机制，做好重点产业和产品的进口预警监测工作，加强对关系国计民生的重要产业的动态监测。与此同时，建立相应的出口预警机制，关注国际市场对中国出口产品的反倾销和反补贴等贸易争端诉讼情况，对于某一类产品频繁发生的贸易争端（如钢铁出口反倾销），应关注其中涉及的主要争议及其贸易规则的依据，及时完善应对方案和应诉机制。随着中国农产品市场与国际市场融通的加深，中国还须加强粮食和重要农产品进出口综合调控，健全粮食储备体系和应急供应网络，建立全球粮食市场信息监测与预警体系。

为应对国际重大公共卫生事件，预防和保护公众免受质量安全风险伤害，中国应加快完善进出口商品质量安全风险预警和快速反应监管体系，建立畅通的风险信息交流共享渠道和高效的风险预警和快速反应机制，健全进出口商品质量安全监管制度，特别是加强生物安全、进出口食品安全、进出口危险化学品安全、进口敏感消费品安全、动植物检验检疫等关系民生保障的进出口质量安全风险预警，为经济社会平稳健康发展提供有效的保护机制。

（五）完善政府部门间贸易政策协调机制，构建新型政商关系

贸易政策涉及国民经济各部门，制定贸易政策的利益攸关方包含政府、企业、行业协会、消费者等各类经济角色。众多政府机构与部

门都与贸易政策的制定和出台相关，各部门之间既有共同的政策目标，也有不一致甚至存在冲突的部门利益。因此，建立高效的贸易政策协调机制对于贸易决策的科学性和有效性至关重要。作为经济贸易大国，中国国内经济改革的任何议题都不再仅仅是国内问题，中国政府出台的任何政策措施都具有相当的国际效应。同样地，诸多国际贸易争端都在不同程度上与中国国内某项产业政策密切相关。如钢铁反倾销涉及钢铁产能过剩问题、太阳能光板反倾销和反补贴涉及国家对太阳能产业发展的政策导向问题。由此，需要建立有效的贸易政策协调机制，在贸易政策的可行性研究和贸易规则的科学论证上，努力避免由于不同部门间利益冲突可能产生的不必要经济成本，提高决策效率，确保科学决策。

在贸易决策的过程中，完善的贸易政策协调机制既能有效协调政府不同决策部门之间的利益，也能广泛集纳商界或产业界及相关行业协会的利益诉求。浙江和江苏在构建新型政商关系方面的探索十分有益。《浙江省民营企业发展促进条例》于 2020 年 2 月 1 日开始实施，旨在优化营商环境，构建亲清政商关系，保障民营企业公平参与市场竞争。《江苏省企业家参与涉企政策制定机制实施办法（试行）》于 2020 年 6 月 1 日起施行，规定江苏省重大涉企政策必须有企业家参与制定，进一步增强涉企政策的科学性、规范性、协同性，营造稳定透明可预期的政策环境，为推动江苏高质量发展提供制度保障。在国际上，政府间的贸易谈判之前，国内各政府部门之间、政商之间也应围绕相关贸易政策的议题进行有效沟通，达成政策共识，明确国内产业政策目标、贸易政策目标、国际贸易规则和国际商务谈判目标，这是制定具有国际竞争力的国家对外贸易政策的前提和基础。

（六）完善数字贸易规则，积极参与国际数字贸易规则制定

21 世纪的国际贸易正在向数据化发展，以移动计算、云计算和大数据等信息技术和以信息化服务为特征的经济与贸易总量持续增长。与此同时，数字贸易保护主义广泛存在。除了显而易见的贸易壁垒，还表现在限制电子商务数据的跨境流动，不利于知识产权保护等。缺乏数字贸易规则已严重威胁并限制了数字贸易发展，并对传统全球贸易治理体系形成挑战，各国对此有共识。

中国是数字经济大国，数字贸易在中国的对外贸易中所占比重逐年提升，增速加快。目前，美、欧、日就数字贸易规则已经达成基本共识，并将继续推动建立国际数字贸易规则和扩展数字经济市场。中国在数字贸易相关领域的立法相对滞后，因此，应首先完善国内立法，并在此基础上，积极参与全球数字贸易规则制定，适时提出“中国方案”。一方面，“中国方案”应该充分研究和借鉴“美式模板”和“欧式模板”的合理成分；另一方面，“中国方案”应该考虑中国特色社会主义的发展阶段，量力而行。中国应坚持世界贸易组织的基本原则，积极、主动、全方位地参与双边、区域或多边数字贸易规则制定，准确把握各方利益关切，共同维护和加强多边贸易体制，最大限度维护国家利益，为中国数字贸易的发展营造良好氛围。[①]

三、结语

世界经济正处于百年未有之大变局，中国对外贸易发展面临的国

---

① 高凌云、樊玉：《全球数字贸易规则新进展与中国的政策选择》，《国际经济评论》2020 年第 2 期，第 162—173 页。

内外环境已发生根本性转变，随着全球贸易的不确定性持续加大，中国与发达经济体的贸易竞争与冲突日趋增强，贸易竞争格局从产品竞争进入制度竞争和技术竞争领域，全球贸易治理体系面临严峻挑战。这些贸易环境的变化，为新时代中国贸易发展带来了严峻挑战。因此，顺应全球贸易格局的变革，中国应加快改革与完善中国贸易法制体系的步伐，提高贸易制度的公平性和竞争力。这既是中国扩大开放的内在需求，也是中国适应全球化新阶段新环境的外在需求。通过加快改革和完善贸易制度立法体系，构建有利于经济与社会可持续发展的贸易促进机制，完善贸易调整援助机制，也将有效推动中国制度型开放和贸易强国建设。与此同时，中国建设与完善对外贸易政策体系，不仅对中国的经济增长和贸易发展至关重要，而且对世界经济和国际贸易的稳定发展也举足轻重。

突发事件对东亚产业链的影响及对策

——以新冠病毒疫情为例

潘雨晨*

摘　要　2019年底以来的新冠病毒疫情给中国乃至整个东亚产业链造成了严重的经济冲击。本文以新冠病毒疫情为例，深入分析了突发事件对东亚产业链的影响机理，并创新性地从产业链的内部驱动机制角度出发，分析在生产者驱动、购买者驱动、信息中介驱动下，中国与东亚产业链中其他各国企业如何进行分工合作，从而应对突发事件所带来的影响。结果表明：此次新冠病毒疫情等突发事件对东亚产业链的影响以负面为主；在生产者驱动下，中国企业可凭借自身技术优势或资本优势与东亚地区其他国家企业进行顺向或逆向分工以应对突发事件；在购买者驱动下，中国企业可凭借自身服务品牌优势或资本与组织管理优势，与东亚地区其他国家企业进行顺向或逆向分工以应对突发事件；在信息中介驱动下，中国企业可凭借现有信息平台，从B2B和B2C两个方面与东亚地区其他相关企业进行分工以应对突发事件；

* 潘雨晨，山东大学国际问题研究院博士后，本项研究得到山东大学国际问题研究院“疫情研究项目”资助。

美国对华相关技术产业的高强度限制不仅进一步加深中国在疫情中受到的负面影响，也降低了东亚产业链的稳定性，并影响整个东亚地区的经济恢复。随后，为应对此次新冠病毒疫情以及未来可能发生的突发事件，本文进一步提出可行的对策建议。

关键词 突发事件 东亚产业链 新冠病毒疫情

以中国、日本、韩国、东盟国家等为主的东亚产业链近年来一直处于高速发展过程中，区域经济因而也得到快速的发展和提升。随着区域内产业分工的不断深化，各国间的关联也更加紧密，亚洲制造业分工也更加复杂。然而，在东亚生产网络不断完善的背景下，自 2019 年底以来的“新冠病毒疫情”这一重大突发公共卫生事件则对东亚产业链造成巨大的冲击，各国经济也因此受到巨大影响。在这一背景下，突发事件如何影响产业链分工，东亚各国在突发事件发生时如何进行应对从而快速恢复产业链的顺畅等，都成为目前的重点问题。因此，本文以此次新冠病毒疫情为例，以产业链和价值链为研究视角，结合中国与东亚其他国家合作的现实情况，重点关注了在产业分工背景下，突发事件的出现对东亚产业链的影响，并深入分析了作用机理、作用方式以及在不同价值链驱动机制下的应对策略。

一、相关文献回顾

东亚区域生产网络以“雁型结构”（Flying Geese Pattern）开始，

逐步形成了“日本—亚洲四小龙—东盟、中国”的区域分工与链接结构[①]。各经济体凭借自身比较优势在区域内不断进行中间品和零部件贸易，这极大地促进了区域内垂直专业一体化分工[②]，且各经济体产业间的密切关联使得分工的各个环节反映出区域化特征[③]。进入 21 世纪后，日本由于国内经济的停滞以及技术提升速度的放缓，导致其在东亚的“领头雁”地位不断弱化，其对区域内其他经济体的带动作用也不断减小[④]。另一方面，由于改革开放的经济成果显著，中国得以快速崛起，逐渐替代日本在东亚地区贸易中心的地位，同时，由于区域内其他经济体的快速发展，新的贸易合作模式出现，即区域网络型结构，并在此基础上形成了多样性产业链群[⑤]。随着近年来“一带一路”倡议、中日韩自贸区建设等一系列经济方案的出台，中国的国际地位与影响力不断提升。而通过区域内各经济体之间的协同治理，使得在东亚地区中虽然存在国家间成本优势变动、发达国家高端制造业回归等诸多问题[⑥]，但整体上，东亚产业链参与国或地区之间经济周

---

① 刘中伟：《东亚生产网络、全球价值链整合与东亚区域合作的新走向》，《当代亚太》2014 年第 4 期，第 127 页。

② David Hummels, et al., “The Nature and Growth of Vertical Specialization in World Trade,” *Journal of International Economics*, Vol.54, No.1, 2001.

③ Mike Morris, et al., “Value Chain Dynamics, Local Embeddedness, and Upgrading in the Clothing Sectors of Lesotho and Swaziland,” *International Journal of Technological Learning, Innovation and Development*, Vol.4, No.1-3, 2011.

④ 胡昭玲、张玉、宋晓丽：《东亚区域生产分工格局变迁——基于产品复杂度的视角》，《亚太经济》2016 年第 2 期，第 11 页。

⑤ David R. Holst, et al., “Regionalism and Globalism: East and Southeast Asian Trade Relations in Wake of China's WTO Accession,” *ADB Institute Research Paper Series*, 2003.

⑥ 王庭东：《东亚产业链重构影响因素辨析：一个政治经济学视角》，《经济学家》2013 年第 7 期，第 86—87 页。

期的同步性不断增强[①]。可以看出，经过区域内各经济体之间的不断合作与发展，东亚产业链分工体系也逐渐趋于完善。

从突发事件对区域经济与跨国供应链的影响方面来说，当事件发生时，其会扰乱市场需求、增加成本费用、原材料或零部件及产品供应中断或延迟、运输系统毁坏、信息通道堵塞等，从而造成整体经济的剧烈波动，直接破坏了现有生产和服务所构成的供应链体系，使现有协调的链条系统不再稳定[②]。而冲击之后，在传统“正向”和“逆向”供应链所组成的闭环供应链体系（Closed-Loop Supply Chain）中，零售商之间的非合理竞争又会致使冲击之前已确定的计划不再可行[③④]，这进一步加剧了供应链整体的不稳定性。因此，如何协调供应链系统以应对突发事件则成为相关研究的重点问题。“供应链突发事件应急管理”的思想最初来源于对航空公司应急管理系统的研究[⑤]。现有相关文献主要从研究了不同层级下的供应链如何在生产成本和市

① 成新轩：《东亚区域产业价值链的重塑——基于中国产业战略地位的调整》，《当代亚太》2019年第3期，第33页。

② Xiangtong Qi, et al., “Supply Chain Coordination with Demand Disruptions,” *Omega*, Vol.32, No. 4, 2004.

③ Canan R. Savaskan, et al., “Closed-loop Supply Chain Models with Product Remanufacturing,” *Management Science*, Vol.50, No.2, 2004.

④ Canan R. Savaskan and Van L. N. Wassenhove, “Reverse Channel Design: The Case of Competing Retailers,” *Management Science*, Vol.52, No.1, 2006.

⑤ Benjamin G. Thengvall, et al., “Balancing User Preferences for Aircraft Recovery during Airline Irregular Operations,” *IIE Transactions*, Vol.32, No.3, 2000.

场需求[①]、抗突发事件性的收益共享契约签订[②]、价格折扣契约签订[③]、非线性额外成本[④]等方面进行协调应对突发事件。

通过对现有文献进行梳理后，可以看出，随着多年来的发展，东亚地区已经形成相对成熟的产业链体系，区域内各经济体间的产业关联程度也日趋紧密。本次新冠病毒疫情等突发事件的出现会对现有东亚产业链体系造成十分巨大的影响。部分学者虽然已从供应链的微观视角研究了突发事件对供应链的影响以及企业层面的应对措施。然而，从产业链和价值链视角入手研究突发事件所产生影响的文献仍然较少，而从价值链驱动机制方面分析相关应对路径和机理的研究更是少之又少。同时，现有关于突发事件影响的文献并未涉及具体区域，且并未考虑特定区域所具有的特征会对产业分工具有何种影响。这都使得现有相关文献的研究尚不深入。结合上述观点，本文做出以下可能的创新与改进：（1）基于现有价值链理论，从聚焦于东亚产业分工，以本次新冠病毒疫情为背景，深入研究突发事件的出现对东亚产业链所产生的影响，并分析其内在作用机理，从产业链层面提供相应的应对措施；（2）在分析突发事件影响东亚产业链机理的基础上，本文创新性地结合“融合发展和共同发展”的原则，从价值链理论中的生产者驱动机制、购买者驱动机制和信息中介驱动机制三个方面以及

---

① 吴忠和、陈宏、赵千、吴晓志：《两零售商竞争下多因素同时扰动的供应链协调研究》，《中国管理科学》2012 年第 2 期，第 65 页。

② 庞庆华、张月、胡玉露、陈华敏：《突发事件下需求依赖价格的三级供应链收益共享契约》，《系统管理学报》2015 年第 6 期，第 890 页。

③ 胡劲松、王虹：《三级供应链应对突发事件的价格折扣契约研究》，《中国管理科学》2007 年第 3 期，第 103 页。

④ Minghui Xu, et al., “The Demand Disruption Management Problem for a Supply Chain System with Nonlinear Demand Functions,”*Journal of System Science and Systems Engineering*, Vol.12, No.1, 2003.

美国对华技术限制对东亚产业链的恢复路径以及应对突发事件的措施进行分析。综合来看，可以看出本文的研究更加符合中国近年来所提倡的“和谐共生”的合作理念，以及当今社会、经济和科技等方面的发展现状，也更加与实际情况相贴合，而在此基础上所提出的对策建议也具有更强的可行性。

二、突发事件对东亚产业链的影响机理

近年来，随着东亚经济一体化程度的加深，以中国、日本、韩国、东盟各国为主的东亚区域生产网络已形成了相对完整且顺畅的产业链条。但如本次新冠病毒疫情等突发事件的发生则会通过不同方面对东亚产业链的上游、中游、下游产生相应的影响。具体来说，突发事件会从信息的非对称、交易成本增加、劳动力缺失、生产性服务业停滞等方面对东亚产业链造成负面影响（如图 1、图 2 所示）。

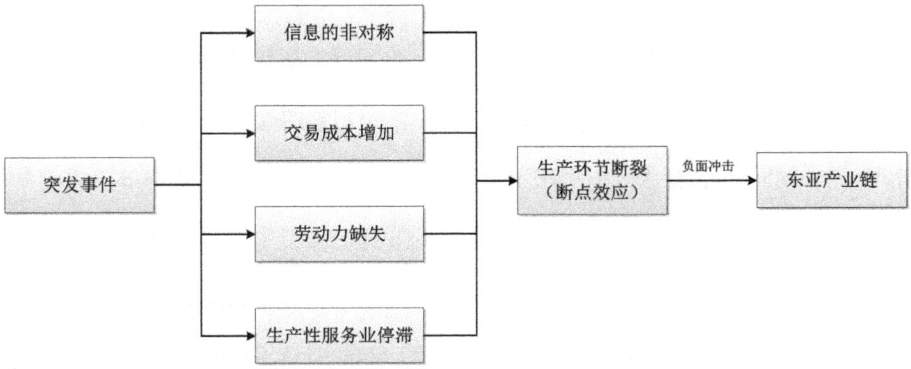

图 1　突发事件对东亚产业链的负面影响

资料来源：作者整理

在信息的非对称方面，基于随机性市场需求的条件，当如新冠病

毒疫情等突发事件发生时，东亚产业链中各经济单位的生产成本均会由于突发事件的影响而发生不同程度的变动。同时，虽然东亚各国所处地理位置相近，文化与认知方面存在较多共识，但由于获取信息非对称以及事发突然等原因，产业链上下游厂商会在未协商的情况下对这一变动做出不同的调整，如采取减少交易数量、降低交易价格、取消现有契约等行为，从而达到维持企业运转的目的。然而，东亚产业链上下游厂商由于非对称信息所做出的调整行为不仅会使得各生产环节的断裂，也不利于事后经济恢复阶段的进一步合作，从而破坏现有产业链的稳定性。另一方面，若突发事件首先发生在一国国内，则东亚各国间信息的非对称会使得各国政府和企业对事件防控的结果和经济损失估计与预测会有所不同，而这也将直接导致各国政府与企业对突发事件做出不同的反应，从而导致东亚产业链部分生产环节的断裂以及产业链整体的不稳定。

在交易成本增加方面，结合此次新冠病毒疫情的现实情况，可以看出当突发事件发生时，会从契约滞后和契约取消两个方面增加东亚产业链中的交易成本。一方面，在事件发生初期，各国会尽量减少正常的跨境人员流动和贸易规模，而这则会进一步使得产业链上下游厂商间原有契约无法正常履行，若突发事件持续时间较短，则上下游厂商可能会将契约的履行时间向后推移，即产生“契约滞后效应”，从而使得各厂商为维持现有契约而增加相应费用；另一方面，当突发事件持续时间较长时，各国对跨境人员流动和跨境贸易的限制会进一步严格，此时再继续进行交易可能会导致更高的成本。因此，考虑到成本最小化问题，产业链上下游厂商会采取取消现有契约的行为，即产生“契约取消效应”，从而使得各厂商的相应费用快速增加，且契约的取消也会导致产业链的暂时性断裂，即进一步引发“断点效应”。

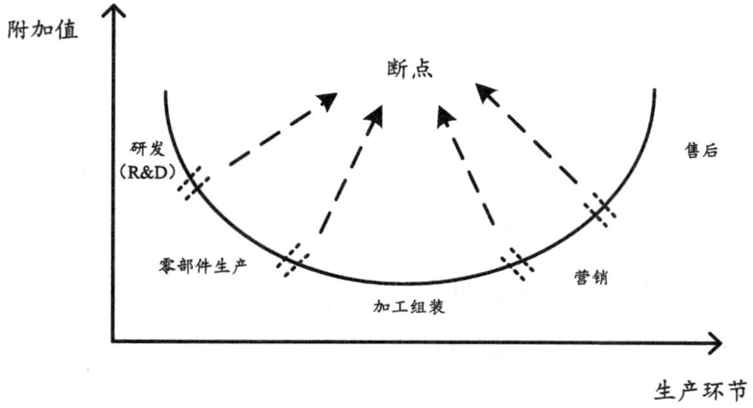

图 2　突发事件对东亚产业链的断点效应

资料来源：作者整理

在劳动力缺失方面，从中国、韩国、日本等国对此次新冠病毒疫情的应对措施可以看出，当突发事件出现时，为防止事件进一步恶化，短期内人员流动会受到相应地限制。作为制造业生产过程中的主要投入要素，劳动力供给规模也急剧缩减。从产业链上游来看，在无任何应急预案和准备的前提下，劳动力供给的缺失会使得上游厂商无法进行零部件生产，从而导致产业链上游环节的断裂，即出现“断点效应”。从产业链中游和下游来看，一方面，由于上游厂商无法生产和供给相应零部件，导致产业链中游和下游厂商也无法实现进一步组装、加工和生产，从而导致中下游链条的断裂；另一方面，在假设中下游厂商具有相应零部件和原料储备的条件下，劳动力的缺失也会使得中下游厂商无法进行原有契约下的生产和产品的交付，因此也会出现“断点效应”。

在生产性服务业停滞方面，从本次新冠病毒疫情的现实情况来看，所停滞的产业主要集中在运输、物流、批发零售、售后服务等行业。在突发事件出现的最初阶段，虽然东亚各国都临近春节假期，但各国的生产性服务业并未中断或停止，因此，东亚产业链上游、中游、下游厂商之间的分工并未受到较大影响。之后，随着突发事件所造成的社会和经济影响愈发严重，各国不仅采取了如地区封锁和人员流动限制等一系列更为严格的措施，更进一步限制外国人员进出本国。在此背景下，各国生产性服务业也出现停滞。对于产业链零部件生产环节的厂商来说，原材料运输和研发（R&D）等生产性服务业无法按约定实现供给，而其所生产的零部件也无法供应处于加工组装环节的下游厂商，因此，东亚产业链出现断裂，引发“断点效应”；对于产业链加工组装环节的厂商来说，其既无法获取由上游厂商生产的零部件，也无法将生产的产品进一步供应至下游经销商和零售商，这也引发了产业链的“断点效应”；对于产业链营销环节的厂商来说，其不仅无法获得来自上游厂商的产成品，也无法实现现有产品的销售，而人员流动的限制与劳动力的缺失进一步使得售后服务环节出现停滞，即出现产业链的断裂。

虽然突发事件会对东亚产业链造成一定的负面冲击，但同时，这一事件的发生也会产生一定的正面效应。具体来说，如新冠病毒疫情等突发事件的发生会从特定产业拉动、电子商务融合、转产型契约签订等方面对东亚产业链产生正向影响（如图 3 所示）。

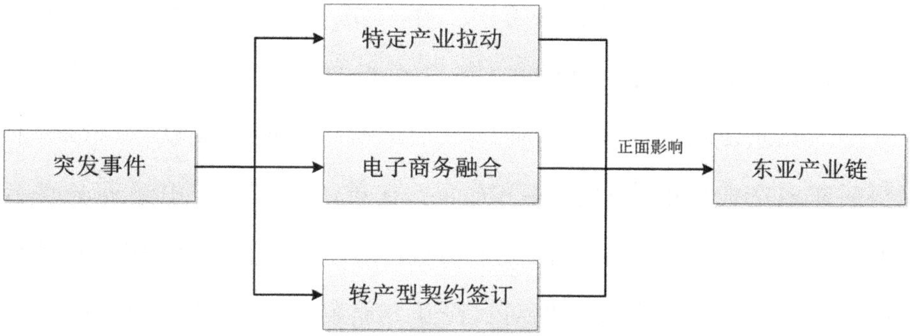

图 3　突发事件对东亚产业链的断点效应

资料来源：作者整理

在特定产业拉动方面，虽然突发事件的出现会对中国乃至整个东亚经济造成十分严重的负面影响，但也为特定产业的发展提供了机遇。具体到此次新冠病毒疫情的现实情况，可以看出，虽然其对东亚地区的汽车制造、电子零部件制造、旅游、餐饮、金融等大部分产业都造成了较大的冲击，但由于政府与民众对疫情防护意识、健康保护意识在短期内的快速提升以及疫情所导致的需求，医药制造业以及医疗设备制造业得到极大程度的刺激，进而不断进行生产。对特定产业需求的快速扩张也会带动东亚产业链中与其相关的上下游产业得到快速发展，同时，其他行业中企业的生产转型也会促进特定产业的发展。另一方面，出于对目前疫情以及对未来相似事件防控的需求，各国政府与企业将大力发展医药产业，并扩大对相关行业的研发投入以及其他生产性投入，而这也会进一步刺激相关特定产业的发展，从而带动东亚产业链的整体恢复。

在电子商务融合方面，如本次新冠病毒疫情等突发事件的出现虽然会极大程度地限制人员跨境流动以及企业生产行为，即供给侧出现一定的停滞，但疫情期间，如淘宝、京东、美团等电子商务平台则发挥了巨大作用。具体来说，一方面，在东亚产业链中，电子商务平台将各国市场进行融合，不仅通过跨境消费增加对各国相关产品的需求，也从需求侧稳定了东亚产业链中上下游厂商间的关联，这也有利于事后东亚产业链的恢复；另一方面，在单一国家中，电子商务平台也通过需求侧刺激国内如餐饮、生活用品制造等部分厂商和企业进行生产，从而可以减少突发事件对自身正常运转所带来的负面影响。同时，电子商务平台旗下的物流专属通道在此次突发事件中也发挥了十分重要的作用，其不仅通过全球采购的方式极大地助力疫情防控，也为东亚各国实现联防联控以及东亚产业链的通畅贡献了极大地力量。

在转产型契约签订方面，本次新冠病毒疫情不仅体现出中国政府强大的号召力，也体现出全国人民与企业的凝聚力。在疫情初期，由于医疗物资的匮乏，如上汽通用五菱、比亚迪、格力、广汽等企业开始进行口罩转产，如红太阳、车仆、浮来春等企业则进行酒精和消毒液的转产。企业的转产不仅快速实现国内防疫物资的供应，维持企业自身的持续生产能力，也可以供应东亚其他国家并增强企业在东亚地区的影响力。可以看出，当突发事件发生时，虽然会在短期内对东亚产业链中的制造业企业造成负面冲击，但通过转产型契约签订，企业不仅可以积极应对突发事件，同时也可以保持企业活力，并通过链条的快速转换实现东亚产业链的跨链条合作，从而积极带动产业链中其他相关企业的共同发展，也为事后东亚经济的恢复奠定良好的基础。

综合来看，突发事件的发生会从信息的非对称、交易成本增加、劳动力缺失、生产性服务业停滞四个方面对东亚产业链产生具体的影响，且总体上都会导致东亚产业链不同环节之间关联的弱化或甚至断裂，即会共同引发“断点效应”，从而对其产生负面冲击。另一方面，虽然突发事件总体上会对东亚产业链造成明显的负向冲击，但其也会通过特定产业拉动、电子商务融合、转产型契约签订等方面实现对整体产业链的带动、融合双多边市场以及维护市场活力，从而对东亚产业链产生正面影响。

三、突发事件应对策略

李克强总理在第20届东盟与中日韩（10+3）领导人会议上就曾提出，建设东亚经济共同体要“坚持协商一致、开放包容、照顾各方舒适度的‘东盟方式’”，实现“融合发展和共同发展”。而在突发事件发生过程中的防控阶段以及事后的东亚产业链恢复阶段，相关应对措施也应当以此作为基本原则。另一方面，根据价值链理论，上下游厂商在不同驱动机制的作用下形成了产业链具体分工形式，而在东亚地区中既包含经济发展较强的日本、韩国等发达国家，也包含经济发展较弱的柬埔寨、越南等发展中国家，因此，中国与东亚各国进行产业链的分工既包含与其他发展中国家的顺向分工，也包含与发达国家的逆向分工。基于此观点，在对突发事件影响东亚产业链的案例进行分析之后，本文进一步对东亚产业链不同驱动机制下的应对策略进行探讨。

（一）生产者驱动下的应对策略

生产者驱动下的产业链条是以投资为主要构建方式的垂直一体化生产网络，控制核心环节的制造商在寡头垄断市场中占据主导地位。而经过多年来的投资合作，东亚地区已经形成较为成熟的基于生产者驱动机制的区域产业链条。虽然如此次新冠病毒疫情等突发事件会对东亚现有生产者驱动下的产业链条形成巨大冲击，并导致整体链条的暂时性瘫痪，但这也为突发事件后东亚新格局的建立提供良好的机遇，从而实现对突发事件的应对以及事后各经济体的快速恢复。具体来说，与东亚部分国家相比，中国很多厂商具有产业链中的核心技术优势，其可以凭借这一优势主动与区域内发展较弱的企业进行顺向分工，从而重构相应的区域产业链条；然而，也有部分中国厂商虽不具有技术方面的相对优势，但凭借自身庞大的资本规模、国内完善的融资体系以及可靠的政府支持使其在区域内具有较强的资本优势，这使得该部分厂商可以实现与东亚产业链中较为先进企业之间进行逆向分工。基于此观点，本文结合“融合发展和共同发展”，从拥有技术优势和资本优势两个角度分别对生产者驱动下的东亚产业链分工情况进行探讨，从而分析在如新冠病毒疫情等突发事件发生之后，东亚各经济体如何通过互利共赢实现对事件影响的积极应对（如图 4 所示）。

对于在东亚区域内具备技术优势的中国企业来说，由于其位于东亚产业链中的相对高端环节，因此，可以借助自身核心优势，以顺向对外直接投资（OFDI）的方式为主，在实现互联互通的同时，将自身部分生产过程转移至具有劳动力成本优势的东道国及其相应企业，即进行产业链的顺向分工。通过在东亚进行相应分工布局，具有技术优势的中国厂商不仅可以进一步降低生产成本，也可不断加强对所处环节生产过程的精专化，进一步提升生产效率，也可逐渐将国内优势产能向部分劳动、资源丰裕的东亚地区国家进行转移，并通过知识共享、人才培养等渠道发挥在该地区的技术溢出效应，从而促进东道国提升总体经济水平并快速实现工业化。同时，中国也应通过在东亚地区内构建经贸合作园区的方式，积极与东亚各国企业进行深入合作，促进现代制造业与其他相关产业融合发展，进一步完善区域供应链、产业链和价值链。

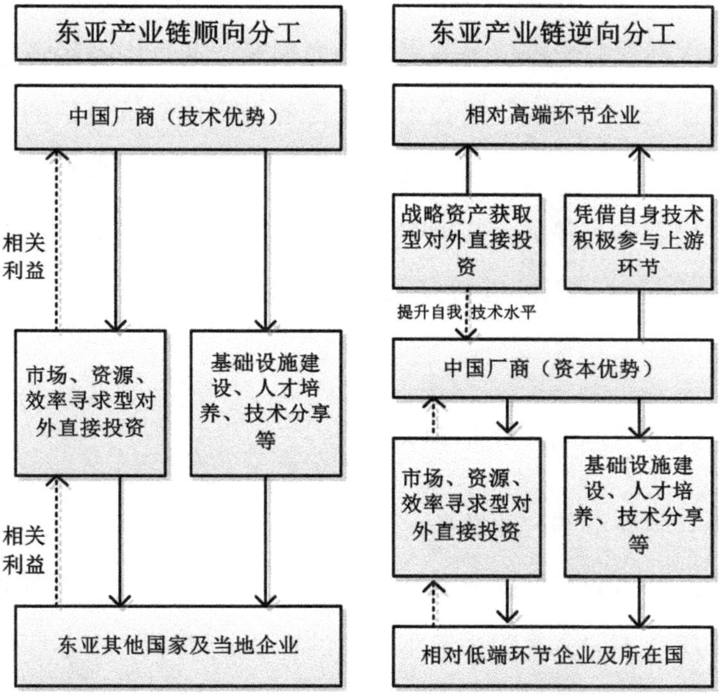

图4　生产者驱动型东亚产业链分工情况

资料来源：作者整理

对于在东亚区域内具备资本优势的中国企业来说，其虽已具备一定的技术和知识吸收能力，但在区域内并不具有技术上的相对优势，因此，位于东亚产业链的相对低端位置。然而，通过自身积累或政策性支持等因素，该部分中国企业可以获得庞大的资本规模，并凭借该优势实现在东亚产业链上的逆向分工。因此，在突发事件发生之后，中国企业以对具有相对技术优势的东亚地区相关企业进行逆向对外直接投资方式为主，在生产者驱动下进行逆向产业链分工。与此同时，该部分中国厂商也应不断加强自主研发与技术获取，通过不断参与高附加值生产环节实现与东亚产业链上游厂商在技术、人才等多个方面进行深入合作与交流，从而不断向产业链高端环节攀升。另一方面，由于如此次新冠病毒疫情等突发事件为东亚产业链中各经济体都会带来巨大的冲击，因此，中国在大力支持各经济体对抗疫情的同时，也应向产业链上游国家进一步开放国内市场，增加对其高端产品、零部件等的进口需求，并扩大其对中国的直接投资规模，从而在携手应对突发事件的同时，积极进行互利共赢式合作，实现区域经济的快速恢复。

（二）购买者驱动下的应对策略

购买者驱动下的产业链条是以大型零售商、营销商和品牌制造商为核心的以贸易为主导的分散生产网络体系，且与生产者驱动下的产业链核心厂商不同，在购买者驱动下的产业链条中，核心厂商经济租的主要来源于品牌设计、营销与金融服务等。根据现有理论，在购买者驱动下的产业链中，零售商具有品牌或销售渠道优势，从而可以处于驱动产业发展的主导地位。在现实情况中，自 20 世纪 80 年代以来，随着“亚洲四小龙”的快速发展，东亚兴起外包浪潮，日本、韩国等经济体将部分加工组装和服务环节转移至东亚地区其他经济体，从而形成了成熟的贸易网络。虽然如此次新冠疫情等突发事件会对现有贸易网络造成巨大影响，但东亚各国也应借助现有购买者驱动下的分工体系和贸易网络进行积极应对。具体到东亚产业链中，与区域内其他国家相比，中国部分企业具有品牌与营销优势，而另外一些企业拥有资本和组织管理等方面的优势。因此，本文将在实现“融合发展和共同发展”的基础上，从具有服务与品牌优势和具有资本与组织管理优势两个角度探讨在突发事件过后，中国以及东亚各经济体应如何进行购买者驱动下的东亚产业链分工，从而实现应对突发事件并实现经济的快速恢复（如图5所示）。

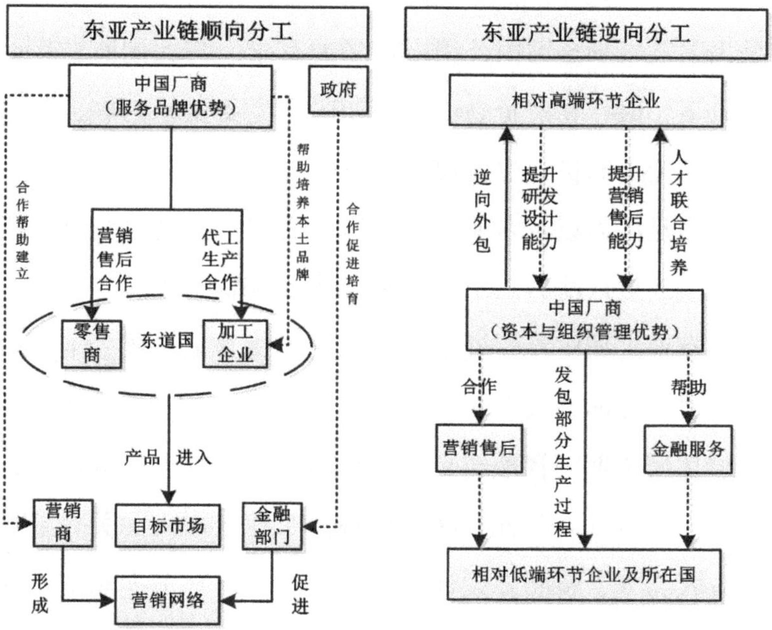

图5　购买者驱动型东亚产业链分工情况

资料来源：作者整理

对于在东亚区域中具有服务和品牌优势的中国企业来说，在突发事件发生过后，应通过分散采购、营销、整合和管理链条中的生产贸易网络，使该部分企业从全球价值链中的“接包”方向东亚产业链中的“发包”方进行转变，从而与东亚区域内发展较弱的相关企业进行购买者驱动下的产业链顺向分工。具体来说，在区域中具有品牌和营销优势的中国企业可以充分利用部分东亚地区国家的成本优势进行生产过程的转移，并对其中的出口导向型国家进行外包和代工生产（OEM）。同时加强对该地区企业在研发等方面的培训，实现技术的溢出，快速促使当地相关厂商建立高质量的自主品牌，不断提高自身竞争力，进而实现“强强联合”。此外，在购买者驱动下的东亚产业链中，中国厂商可在现有渠道的基础上进一步扩大营销和售后网络，并通过区域内采购来满足国内外相应市场的需求。与此同时，在此次新冠疫情背景下，医疗物资贸易成为短期内的主要贸易内容，而这也促使中国相关企业不断扩大生产规模，不断创新生产方式，从而提高生产效率，以满足国内以及东亚地区市场的需求。而这也会进一步提高中国相关企业的生产能力以及在东亚区域内的影响力。

对于在东亚区域中具有资本与组织管理优势的中国企业来说，其虽在服务和研发方面不具有相对优势，即处于东亚产业链中的相对低端位置。但凭借长期的管理经验积累和国家政策性支持等因素，这部分企业一方面以对具有服务和品牌优势的东亚区域内相关企业进行逆向外包的方式为主，将品牌设计环节与营销售后环节向东亚产业链内的相对发达企业进行“逆向发包”，并对该体系进行管理，从而实现购买者驱动下的东亚产业链逆向分工。在这一过程中，除发挥逆向外包的“逆向技术溢出效应”外，中国企业也应当凭借自身现有基础，不断加强对相关人才的联合培养与学习，并增强营销、售后等高附加值环节的质量，进一步提升企业自身与相关产品的竞争力。同时，中国也应进一步放开国内市场，为与中国企业合作的其他国家企业提供更加广阔的市场机遇，从而在“互利共赢”的基础上共同应对突发事件对各方带来的经济影响，从而实现“融合发展和共同发展”。除此之外，在东亚产业链逆向分工的基础上，中国企业也应当将可以分离的部分生产过程外包给区域内处于东亚产业链中相对低端环节的东亚国家相关企业，并积极与当地营销售后部门进行合作，建立自有售后网络，并与当地政府、金融机构等进行合作，保障资金渠道畅通，从而为东亚产业链中各经济体在突发事件后快速恢复经济。

（三）信息中介驱动下的应对策略

进入21世纪，随着数字全球化的不断发展，商品交易已不再局限于实体零售店或营销部门，而是大量地整合在互联网平台中。在这一背景下，由于网络发展形成的信息革命会促使全球价值链（GVC）组织结构由传统向新类型转变，即信息中介驱动型链条①。在该驱动机制下的链条中，网络信息中介成为推动上下游厂商合作的主要驱动力，其将各类信息与各经济活动主体在网络中进行虚拟整合，形成B2C（Business-to-Consumer）和B2B（Business-to-Business）两种主要关系。因此，与传统二元驱动模式的垂直一体化和水平一体化不同的是，信息中介驱动型价值链条是一种虚拟一体化（Virtual Integration）模式。具体到东亚产业链中，与东亚其他各国相比，中国具有发展较为成熟的网络平台企业，其配套的物流和金融等服务网络也相对完善，且平台管理经验丰富，因此，在东亚地区内，中国具有相对优势与区域内其他国家企业进行产业链分工。在突发事件发生时，东亚地区各经济体均受到不同程度的冲击，无论是制造业还是服务业，生产过程都受到极大限制，使得短期内产品市场上的供需关系存在严重失

① Gary Gereffi, "Shifting Governance Structures in Global Commodity Chains, With Special Reference to the Internet," *American Behavioral Scientist*, Vol.44, No.10, 2001.

衡。而信息中介驱动下的产业链条则可以通过双多边信息的整合与高效传递，改善冲击后的市场环境，平衡供给和需求关系，从而促进东亚各经济体在突发事件后的经济快速恢复。基于此观点，本文结合中国通信技术优势、成熟平台经验以及沿线国家发展现状，从 B2C 和 B2B 两个方面分析在此次新冠病毒疫情中，信息中介驱动型链条应对策略（如图 6 所示）。

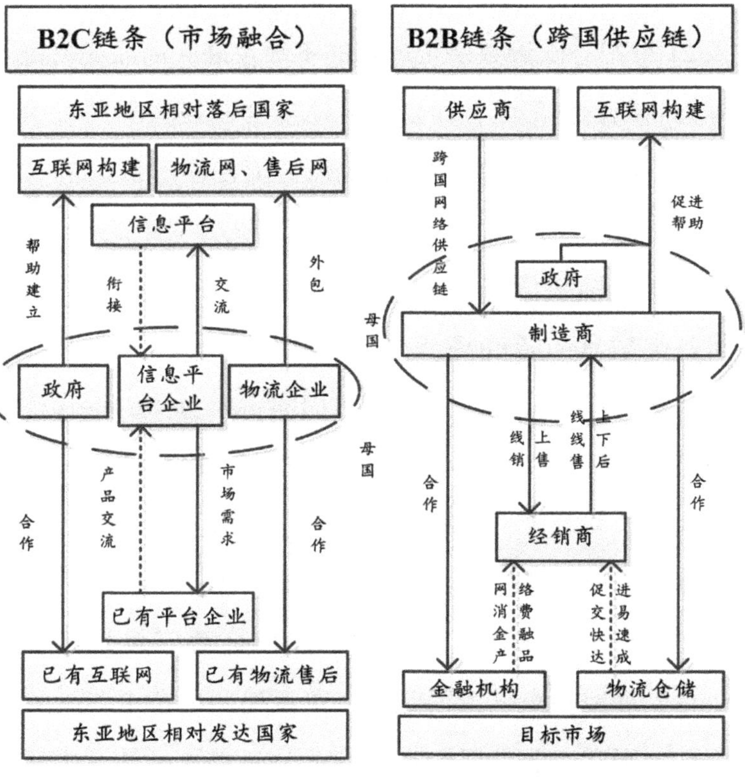

图 6　信息中介驱动型东亚产业链分工情况

资料来源：作者整理

在 B2C 方面，近年来，随着中国电子商务的快速发展以及国内巨大市场的带动作用，中国一系列平台企业已经快速发展为全球知名的网络交易平台，而成熟的自有及三方物流网络也促进了平台的高效运行。因此，在此次新冠病毒发生时，中国即凭借这些企业强劲的实力与自身优势，不仅极大地助力于抗击疫情，也促进各类企业快速恢复生产。具体到东亚分工体系下的B2C产业链条中，在疫情之后的复工复产阶段，如淘宝、京东等企业可以在东亚地区中承担信息中介的角色，积极发挥“平台效应”，在融合东亚多边市场的同时，高效整合各个市场中的相关信息，形成以零售为主要模式的虚拟组织，即形成东亚虚拟产业链条。具体来说，在如此次新冠病毒疫情等突发事件发生之后，该部分中国平台企业应当在现有技术和模式的基础上进行经验复制，在平台经济相对落后的东亚地区国家中进行B2C平台建设，同时鼓励中国物流和仓储企业“走出去”，帮助目标国家建立和完善其仓储和物流网络，并将物流、售后等部分服务进行外包，从而实现与中国B2C平台的进一步衔接。此外，中国其他东亚国家也应发挥政府的引导作用，积极将双方厂商引入对方市场，从而带动各国中小企业的快速发展，形成正的外部性，最终实现互利共赢。同时，对于已构建自有B2C网络和相应物流网络的东亚地区国家，中国平台企业应积极与当地平台企业和物流公司合作，借助巨大的市场需求将双方商品引入对方市场内，并依托双方物流体系促进双多边市场的快速融合，实现“融合发展和共同发展”。

在B2B方面，如阿里巴巴、中国供应商等平台企业可以承担信息中介的角色，并在网络数字化平台上对企业间信息进行高效传递，通过构建相关零部件和原材料采购平台以及物流协同系统与上下游关联产业的业务伙伴实现全面通讯与协同，在东亚形成跨国网络供应链条。在东亚地区内，中国可以借鉴国内外，尤其是日韩相关案例的成功经验对 B2B 平台进行搭建，打造统一的供应商信息集成门户，并为东亚产业链上下游厂商提供所有的供应链基本功能，从而确保在受到突发事件冲击之后，仍能对各类采购订单进行优质管理。与此同时，还应在基本供应链功能的基础上，为东亚产业链中的上下游厂商提供库存可视化、供应商记分卡等相关配套辅助功能，从而进一步推动和建立东亚虚拟产业链中的协同机制。同时，在 B2B 平台搭建的基础上，中国也应当通过与东亚地区目标市场企业与当地政府间的合作，不断完善相应的仓储和物流网络，丰富东亚各国的金融产品种类，完善消费金融体系和投融资体系，深化东亚产业链中各个厂商与金融机构间的合作，并提升各国在金融领域中的融合水平和对外开放程度，带动当地相关服务业的发展，进一步提升其制造业服务化水平，最终实现东亚地区的“融合发展和共同发展”。

四、美国对华技术限制之下的影响

近年来，随着中国制造业和服务业领域内的高新技术科技发展势头迅猛，涌现出一批如华为、阿里巴巴、科大讯飞、富士康等高科技企业，而科技的发展也使得中国无论在东亚地区还是全球范围内的影响力迅速提升，对东亚地区经济和技术的带动作用不断增强，相应的高新技术产业链也日趋成熟。如此次新冠病毒疫情等突发事件虽然会对东亚地区内的现有高科技产业分工体系形成一定程度的负面影响，但国家对于高新技术产业的持续关注与大力投资则为相应产业链条的稳定以及中国相关产业的转型升级提供了有力保障。在这一背景下，美国却接连对中国实施了较强的技术壁垒，限制中国高科技产业的发展。具体来说，自 2018 年以来，美国政府首次以限制“中国制造 2025”为借口，以限制新兴国家崛起、维护美国在全球价值链中的利益、满足国内政治需求等为本质需求，对中国 10 类高技术产品加征进口关税，而技术方面的封锁与限制也成为当时中美贸易摩擦的核心内容①。而自本次新冠病毒疫情发生以来，美国不顾本土疫情的快速蔓延以及死亡人数的迅速上升，反而将继续将重点放在如何限制中国高新技术产业的发展。比如，自 3 月份美国商务部工业与安全局（BIS）宣布第 5 次延长华为临时许可证开始，到 5 月 15 日美国升级半导体出口管制，并全面限制华为购买采用美国软件和技术生产的半导体，美国不仅没有以抑制疫情蔓延为主要工作内容，反而进一步加强对中国经济恢复和发展的限制与阻碍，这对于中国高科技产业来说无疑是雪上加霜。

对于东亚地区来说，中国是东亚生产网络的重要连接中心，是东亚产业链、供应链的主要参与者，也是保证东亚地区经济稳定的重要力量。当突发事件发生时，中国与东亚各国将在协同应对相关事件的基础上借助东亚产业链分工体系保持区域经济的稳定并实现经济的快速恢复。但美国在突发事件仍在持续的过程中对中国相关产业所进行的高强度限制，不仅加深了中国经济所受到的负面影响，也极大降低了东亚供应链和产业链的稳定性，即可能会触发新的“断点效应”，对东亚产业链结构造成巨大冲击，并使得东亚产业链出现断裂，从而影响整个东亚地区对突发事件的有效应对以及事后经济的恢复，且这一效应对东亚地区高新技术产业链的影响更为严重。因此，对于美国

① 刘威：《中美贸易摩擦中的高技术限制之“谜”》，《东北亚论坛》2019 年第 2 期，第 85—90 页。

对华的一系列限制，中国如何实施科学、合理、有效、精准的应对措施则成为重中之重。

五、结论

此次新冠病毒疫情的发生对中国乃至整个东亚产业链分工体系都造成了突如其来的影响，而在东亚地区深入融合发展的当下，分析如此次新冠病毒疫情等突发事件对如何对东亚产业链形成影响以及如何进行应对成为亟待解决的问题。在这一背景下，本文以 2019 年末以来的新冠病毒疫情为例，深入研究了在现有区域分工体系下，突发事件对东亚产业链的影响机理，并进一步从产业链驱动机制的角度出发，分析了在不同驱动机制下东亚产业链分工体系如何应对突发事件所造成的经济影响。结果表明：（1）突发事件的发生会从信息的非对称、交易成本增加、劳动力缺失、生产性服务业停滞四个方面给东亚产业链带来严重的负面影响，即使产业链部分环节断裂，同时也会从特定产业拉动、电子商务融合、转产型契约签订三个方面给东亚产业链带来一定程度的正面影响，但负面影响明显大于正面影响；（2）为在“融合发展和共同发展”原则下应对突发事件并在事后实现东亚各国经济快速恢复，在生产者驱动下的东亚产业链中，一方面，中国厂商可以凭借技术优势与东亚区域内发展相对落后国家的企业之间快速搭建顺向分工体系，另一方面，可以凭借资本优势与区域内技术较高企业之间进行逆向产业分工，从而快速恢复产业链的顺畅；（3）在购买者驱动下的东亚产业链中，一方面，中国厂商可以凭借服务和品牌优势与东亚区域内发展相对落后国家的企业之间进行产业链中的顺向分工合作，另一方面，则可以凭借资本与管理优势与区域内具有相对品牌优势的企业进行产业链逆向分工，从而在突发事件之后实现生产体系的快速恢复；（4）在信息中介驱动下的东亚产业链中，一方面，中国相关平台企业可以通过 B2C 平台，以信息整合的方式对东亚各国市场进行整合，快速应对突发事件所带来的影响，另一方面，通过 B2B 平台，在东亚地区形成跨国网络供应链，从而在突发事件后实现产业体系的快速恢复。然而，在美国对华技术限制之下，中国经济受到进一步的冲击，东亚产业链的稳定性也不断降低，链条断裂的可能性不断增大，整个东亚产业链恢复受到严重阻碍。

根据上述研究结果，为实现积极应对突发事件以及东亚产业链在突发事件后生产体系的快速恢复，本文进一步提出以下可行的对策建议：（1）从国家层面来说，在突发事件发生之前，中国政府应当积极联合东亚地区其他国家政府以及相关国际组织，为应对各类型突发事件制定相关应急预案，从而为未来应对相关突发事件提供制度支持；在突发事件发生时，除相应相关应急预案外，中国政府还需积极与东亚区域内其他国家政府配合，在共同应对突发事件的基础上，积极组织各国企业恢复生产，并构建应急合作通道，从而保障东亚产业链的完整性；在突发事件得到控制之后，中国应以“一带一路”倡议、中日韩自贸区建设机遇为依托，积极与东亚地区其他国家进行高层协商，制定经济恢复计划，从而为东亚产业链的进一步发展以及区域内各国的互利共赢奠定坚实的基础；对于美国对华的高强度技术限制，中国应尽快出台相应措施，科学、合理、有效、精准地进行应对，从而保障国内经济以及整个东亚产业链的稳定。（2）从产业层面来说，在突发事件发生时，应当依托东亚地区内的现有海外产业园区和境外经贸合作区，极大地保障东亚产业链中各类生产活动的顺畅，并以应对突发事件为机遇，刺激产业内生产环节的活力；在突发事件发生后，应当进一步推动东亚区域内各类海外园区与境外经贸合作区的建设，并以此为平台吸引各国企业进入，实现技术溢出效应和产业集聚效应等，最终达到“以点带面”的效果，以园区发展带动区域经济的恢复。（3）从企业层面来说，在突发事件发生时，中国相关制造业企业可通过针对性转产以保持自身生产力以及企业活力，服务业企业则应积极利用现有服务网络，进一步与电子平台结合，实现服务网络数字化，在规避风险的同时提供服务产品；在突发事件发生后，中国企业可通过不同驱动机制下的产业链与东亚区域内其他国家企业进行顺向或逆向分工合作，从而维护东亚产业链分工体系的稳定性，促进东亚地区各国在互利共赢的基础上快速实现经济恢复。

跨国史视野下的东亚史书撰写与韩国东亚史教育

刘宝全*

摘　要　跨国史的历史叙述范式强调打破一直以来历史研究中的民族国家的约束，把民族国家置于更宏大的历史语境之中。运用跨国史方法研究、书写东亚史并开展“东亚史”课程的教学，从中日韩三国相互认知和达成历史性和解的视角、而不是囿于国别史的成见，才能正确反映东亚史全貌，才能在历史教学中传授东亚各国相互依赖的观念和东亚共同体意识。中日韩三国学者共同编写和出版的《超越国境的东亚近现代史》，以及韩国在中学高中阶段开设“东亚史”课程，体现了中日韩三国围绕历史认知所做出的跨越国境的努力。

关键词　跨国史　东亚史　中日韩历史问题　《超越国境的东亚近现代史》　韩国历史教育

* 刘宝全，山东大学东北亚学院教授。

一、引言

当今的中日韩三国之间，存在着严重的从历史到现实的各种争端。在历史问题方面，中韩之间、中日之间、日韩之间都存在复杂的双边或多边的历史纠葛。而且，日本歪曲历史教科书的问题一直未能得到解决。在现实问题方面，则存在钓鱼岛争端、独岛（日本称“竹岛”）争端、靖国神社参拜问题、“慰安妇”问题、《韩日军事情报保护协定》纠纷，以及“白名单”引发的日韩贸易争端等问题。此外，东亚各国的民族主义和民粹主义的复兴趋势明显增强。在这种情况下，东亚地区的安全形势面临严重的威胁。如何解决诸多的历史和现实问题，需要东亚人具备大智慧。

从古至今，史学研究的求真、求实精神一以贯之。然而，对于历史，包括世界历史和各国历史，由于论者的立场不同，看待历史的角度也不同，交锋是难免的。尤其是民族主义史学发端以来，民族史的写作十分盛行，有关历史的论争则更为激烈。

随着“民族国家”（nation-state）概念的兴起而产生的对民族国家历史的编撰，其目的更多是为了塑造统一的民族身份和国家认同，“历史因此变成民族国家史，即‘国史’（national history），史学在很大程度上成为服务于民族国家的‘侍女’”。[①] 直到20世纪八九十年代，全球史（global history）和跨国史（transnational history）等新的史学研究范式出现以后，民族国家史一统天下才被逐步打破。美国著

---

① 王立新：《在国家之外发现历史：美国史研究的国际化与跨国史的兴起》，《历史研究》2014年第1期，第145页。

名历史学家威廉·麦克尼尔（William H. McNeill）的“全球史”理论和入江昭（Akira Iriye）的“跨国史”理论为历史研究提供了新的范式。入江昭在他的著作中强调，未来的历史研究应当将人类历史置于地球和宇宙演化的大背景中，讨论人类如何在与自然环境的互动与共存中寻求自身的发展，进而真正走出黑格尔式的、以民族国家为中心的历史叙事。他不仅鼓励未来的研究者走出民族国家史学的框架，并且提出历史学家应当观照人类历史本身，直面人类共同的历史经历。[①]

在历史学界，解构“西方中心论”，为历史叙事去中心化、去国家化，采用更为全球化和跨国性的研究范式，把世界史视为一种用来诠释各个国家和社会的可行的甚至是理想的解释框架，开始转向为学界的潮流。[②] 有关东亚史的研讨、编写和教学，也日益引起东亚三国的官方与民间有识之士，特别是历史研究学界和教育界的重视。

在东亚史研究领域，中国史学界除翻译西方史学家撰写的东亚史著作以外，[③] 还开始运用“全球史”和“跨国史”的史学学术理念、视野与方法，编写与出版东亚史著作，[④] 突破国别史研究方法的掣肘，客观地论述东亚史。中国史学界在开展对东亚外交史研究的同时，关

---

① 邢承吉：《评入江昭〈全球史和跨国史：过去、现在和将来〉》，《全球史评论》2015 年第 1 期，第 256 页。

② ［美］入江昭：《全球史与跨国史：过去，现在和未来》（邢承吉、滕凯炜译），杭州：浙江大学出版社 2018 年版，第 35—37 页。

③ 西方史学家研究东亚史的代表作是美国历史学家罗兹·墨菲（Rhoads Murphey）撰写的《东亚史》一书。参见［美］罗兹·墨菲：《东亚史》（林震译），北京：世界图书出版社公司北京公司 2012 年版。

④ 杨军、张乃和主编：《东亚史：从史前至 20 世纪末》，长春：长春出版社 2006 年版。有书评评论指出，该书在中国“首创区域史视角下的东亚史研究体系”。参见陈俊达、李碧瑶：《区域史视阈下的东亚史研究——〈东亚史：从史前至 20 世纪末〉读后》，《黑龙江史志》2015 年第 13 期，第 254 页。

注对东亚区域史的研究和注重加强东亚史学学科建设，对东亚史体系、历史主线、编写原则以及理论分析模式等方面进行了深入探究。[①] 近年来，中国的《中国历史》《世界历史》教材编写和教学也发生了变化，全球史和跨国史视野下的中国史、区域史和世界史历史观越来越得到重视。

韩国史学界在21世纪初开始对东亚史的结构和叙述展开讨论，并推动了从2012年开始在韩国高中开设“东亚史”课程。特别是在把撰写东亚史与“东亚共同体论”理念相结合方面，韩国史学界取得了一定的成果。作为韩国史学界积极提倡重构东亚史的代表人物，白永瑞教授认为，东亚史学深受西方历史学的影响，韩国学院体系的近代史学具有殖民性质，韩国近代的历史学是使国民国家正当化的一种理念工具。在提出“知性实验的东亚”概念的同时，认为东亚“本地区的各主体要省察自我中的东亚与东亚中的自我”，进行一次东亚史学学术体制的“史学革命”，并且强调，“最主要的问题是要超越近代以来所沿袭的仿自西方的分科化和专业化的史学学术体制”，[②] 从东亚的视角分析东亚国民国家的历史和东亚人的相互认知。

中日韩三国学者还共同编写了东亚三国近现代史的历史读本，先后出版了《东亚三国的近现代史》和《超越国境的东亚近现代史》，[③] 体现了三国学者围绕历史认知所做出的跨国境的努力。

本文旨在围绕东亚史的撰写和教学，探讨如何超越本国历史、以

① 滨下武志等：《东亚史学科建设问题鼎谈》，《世界历史评论》2019年第1期。

② 白永瑞、李长莉：《再造东亚史学》，《读书》2005年第4期，第40、42页。

③ 东亚三国近现代史共同编写委员会编：《东亚三国的近现代史》，北京：社会科学文献出版社2005年版；中日韩三国共同历史编纂委员会编著：《超越国境的东亚近现代史》，北京：社会科学文献出版社2013年版。该书的日文版和韩文版分别于2012年5月和9月在日本和韩国出版。

跨国史的视角和方法来叙述东亚史，即将东亚史置于更广阔的地区和全球背景之中进行考察，将跨国联系和其他国家事务视为塑造东亚史的外在力量，以突破“东亚例外论”的影响。本文认为，东亚史学研究应注重东亚各国间的紧密联系和相互影响，从而形成东亚史的“网络”，以便更全面和更准确地理解东亚史的演进。中日韩三国学者共同编撰的《超越国境的东亚近现代史》跨出了很大一步。而韩国对“东亚史”教学科目的开设，则是力求超越国界、寻求东亚历史共识的具体体现。

二、东亚史的叙述：跨国史视角

历史的书写和教学，一直以来基本上是以国别史和世界史的两分法进行的。20 世纪末，全球史和跨国史史学的兴起，导致了一场“史学编纂的革命”（historiographic revolution）。[①] 历史学家逐渐摆脱了之前理解、编写和教授史学的局限，特别是近现代研究历史的方法和观念的局限，全球史和跨国史研究俨然成为“一股截然不同于传统民族国家历史叙事和国际史的研究路数的新浪潮”。[②]

在理解民族国家史或称国别史与东亚史的关系方面，葛兆光认为，“如果仅仅站在一国历史的立场、角度和视野来观看发生在东亚的历史，会出现死角或盲点”。因此，“超越国家/王朝的立场，历史

① ［美］入江昭：《全球史与跨国史：过去，现在和未来》（邢承吉、滕凯炜译），杭州：浙江大学出版社 2018 年版，第 1 页。

② ［美］入江昭：《全球史与跨国史：过去，现在和未来》（邢承吉、滕凯炜译），杭州：浙江大学出版社 2018 年版，第 11 页。

叙述有多个圆心，形成多个历史圈，东亚史可以是几个历史圈的交叉”。[①] 超越国界、从彼此交叉的“周边”重新审视历史，在亚洲的大背景中重新叙述历史，实际上也可以看作对跨国史范式的另一种表述。

作为一种新的史学方法或范式，跨国史的特点在于强调历史研究过程中的跨国背景、跨国交流及相互影响，引入多国视角和关注“低端政治”等因素。这一研究方法强调打破一直以来历史研究中的“民族国家”概念的约束，把历史置于整个国际体系之中。从跨国和跨地区的角度，阐述东亚地区的历史，可以改变以往从民族国家史的角度理解、编写和教授东亚史的方法和观念，对维护东亚地区的和平与稳定具有一定的现实意义。

跨国史的理论与方法在中韩两国尚未得到广泛的重视和应用。但是，在对东亚史的研究和教科书编写方面，中日韩三国学者致力于从东亚整体的角度，突破一国的局限，实现对历史认知的跨越。为此，三国学者做出了很多尝试，其中代表性的成果之一是共同编撰与出版的《超越国境的东亚近现代史》一书。

中日韩三国组成共同历史编纂委员会编撰东亚近现代历史的辅助教材，始于2002年。当时正是日本的由“新历史教科书编纂会”编写、扶桑社出版的右翼历史教科书出台之际。中日韩三国的学者、教师与民众就历史认知问题进行了连续的对话，召开了三届“历史认知

---

① 葛兆光：《在“一国史”与“东亚史”之间——以13—16世纪东亚三个历史事件为例》，《中国文化研究》2016年第4期，第2页。

与东亚和平论坛”会议。[①] 与此同时，各国分别组成历史读本编写委员会，共同举行了多次历史读本编写工作会议。对于中日韩三国就历史问题达成共识的重要性，在《东亚三国的近现代史》一书的“后记”中有这样的描述：为了和平的东亚共同体，首先必须建立的是东亚各国对历史问题的共同认识，即历史认知的共有。即通过了解历史事实和反省过去的反复的对话与讨论，来形成共同认识。中国社会科学院近代史研究所步平研究员自始至终参加了上述两本书的组织和编写工作。他认为，全球化时代的历史认知要求人们扩大历史认知的视角，突破以本国史为中心建立的历史认知这样狭隘的视角，建立面向世界、面向未来的历史认知。[②]《东亚三国的近现代史》就是初步体现这一共识的历史读本。

第二个共同成果是又经过六年的研讨、辩论与反复修改，中日韩三国共同历史编纂委员会编著了《超越国境的东亚近现代史》一书，该书的日文版、韩文版和中文版分别于 2012 年和 2013 年出版。在《东亚三国的近现代史》一书出版后，各界提出的主要的意见包括：叙述内容偏重于战争历史和对日本侵略战争的批判，缺少对社会变化的全面的观察与分析；本国学者撰写本国历史的痕迹仍然比较明显，“仍停留在对三个国家近现代史的平行叙述上”。[③]《超越国境的东亚近现代史》一书在很大程度上弥补了这些缺陷。本书的上卷按时间顺序从国际关系演变的角度，叙述东亚三国近现代的结构变化，重在描述

① 《韩中日共同开发历史辅助教材》，韩国东北亚历史财团网站，https：//www. nahf. or. kr/gnb07/snb08_04. do。

② 步平：《东亚历史的书写能否跨越国境》，《中华读书报》2013 年 6 月 26 日，第 9 版。

③ 中日韩三国共同历史编纂委员会编著：《超越国境的东亚近现代史》（上），北京：社会科学文献出版社 2013 年版，前言。

国际秩序的变迁；下卷按专题分门别类地阐述东亚民众的社会生活与交流，重在叙述东亚的制度、人与社会。[①]

首先，《超越国境的东亚近现代史》值得关注之处在于，编者的视角是以东亚三国的视角，从历史发展的整体性看待东亚的近现代史。在超越以本国史为中心、扩大历史认知的视角方面，该书体现了或者说更接近于跨国史的编写方法。该书“从国际关系演变的角度对东亚近现代史进行叙述”，[②] 围绕东亚近现代史的结构变化，在世界史的发展中展开历史脉络。作者注重中日韩三国在近现代历史中的连带关系，即从东亚地区的国际关系中分析中日韩三国的国家结构和相互关系的变化，而且围绕东亚地区的国际关系，特别是与欧美国家之间的关系变化来进行历史叙述。东亚国际秩序的变化经历了在西方冲击下以中国为中心的传统秩序的解体、第一次世界大战和第二次世界大战的战争年代、日本主导近代东亚秩序，以及第二次世界大战后冷战体系在东亚的演变等复杂多变的过程。东亚史本身就是区域史，具有跨国背景、跨国交流及相互影响的特征，引入国际关系多元化视角的撰写方法是一大突破，有助于构建关于东亚近现代历史的整体叙事。

其次，在《超越国境的东亚近现代史》的下卷，着重叙述了东亚的城市化、铁路（现代化、殖民地统治、民众生活）、移民和留学（人口流动和人员交流）、家庭与两性关系（男女关系、亲子关系）、传媒（被制造的大众意识与情感）、战争与民众等方面的内容。这种研究和叙述对象的变化体现了跨国史的特色。在跨国史的学术发展脉

① 中日韩三国共同历史编纂委员会编著：《超越国境的东亚近现代史》（下），北京：社会科学文献出版社 2013 年版，前言，第 2 页。

② 中日韩三国共同历史编纂委员会编著：《超越国境的东亚近现代史》（上），北京：社会科学文献出版社 2013 年版，第 6 页。

络中，其研究领域主要关注五个方面的主题：一是思想、信息、商品、技术的跨国流动；二是妇女、劳工、宗教、环境、和平等领域的跨国动向；三是跨国行为体，包括国际非政府组织、政府组织；四是跨国事务，指疾病传播、人口变迁、环境变化、人权保障、武器扩散等需要国际合作加以解决的事务及相关的跨国合作；五是移民与“大移居”（diaspora）。[①]《超越国境的东亚近现代史》一书增加了上述方面的内容，在各个民族国家历史之外开创了一种全新的东亚史的呈现范式。

最后，促进历史认知超越国境有助于培育东亚共同体意识，塑造共同的文化认同和“东亚公民”身份。“民族国家史学的任务是塑造国家共同体意识和培育民族主义观念”，而跨国史“有助于培育全球意识和世界公民观念”。[②] 在解决涉及东亚特别是中日之间、韩日之间的历史问题的时候，历史认知能否跨越国境是至关重要的。步平研究员提出，应充分了解战后的日本同战前日本的区别，特别是要了解战后日本在认识战争责任问题上经历的曲折的过程。历史问题的解决除了政治外交层面的努力以外，还要注重民众与学术层面的对话与交流，“通过学者的共同研究，给民众以更多的历史知识，更宽的历史视角”。[③] 在这一方面，中日韩三国学者间的历史对话自20世纪90年代后期开始就在进行，通过举办“历史认知和东亚和平论坛”以及青

① 王立新：《在国家之外发现历史：美国史研究的国际化与跨国史的兴起》，《历史研究》2014年第1期，第155—157页。

② 王立新：《在国家之外发现历史：美国史研究的国际化与跨国史的兴起》，《历史研究》2014年第1期，第159页。

③ 步平：《东亚历史的书写能否跨越国境》，《中华读书报》2013年6月26日，第9版；中日韩三国共同历史编纂委员会编著：《超越国境的东亚近现代史》（下），北京：社会科学文献出版社2013年版，第330页。

少年历史学习夏令营等研究项目和交流活动，取得了一系列显著成果。

三、韩国东亚史教育：“东亚史”课程实践

韩国对原有的“韩国史”“世界史”历史教学体系进行改革，提出了开设“韩国史”—“东亚史”—“世界史”新的课程体系，开设“东亚史”课程是一种新的尝试。

韩国在高中阶段开设“东亚史”课程有相互关联的国际和国内两方面的背景因素。在国际方面，韩国与中日两国存在历史纷争。在韩国看来，日本右翼势力篡改历史教科书歪曲历史并进一步主张独岛（日本称“竹岛”）主权、中国实施“东北工程”引发关于高句丽历史的论争，使东亚各国之间的历史矛盾越来越严重。正是面对这些来自外部的压力，韩国国内舆论呼吁要加强历史教育。韩国教育人力资源部于2006年11月发布《历史教育强化方案》，内容包括把初中阶段的“历史”科目从“社会科目”中分离出来，在高中阶段新开设“东亚史”选修课，增加高中一年级的历史课时，从每周两课时增加到三课时。

韩国开设“东亚史”选修课的国内背景主要是为了解决韩国基础教育阶段的历史科目设置和教育体制出现的问题。韩国传统的中学历史教育是韩国史和世界史的二元体制。在韩国史教育方面，存在过度的民族主义、自我优越感的问题，容易使学生滋生狭隘的民族主义情绪而排斥其他国家民族和文化；而在世界史教育中的问题则是“西方中心论”，以西方为中心的世界史教育观盲目地向学生灌输西方核心

价值观。因此，作为平衡方案之一，韩国教育界论证了开设独立的东亚史教育单元的必要性和可能性，认为设立“东亚史”课程可以解决“韩国史”和“世界史”课程的相互衔接，形成韩国史—东亚史—世界史三个层次递进的历史认知，而且通过学习近邻国家的历史，可以激发学生们的学习兴趣，减轻他们对周边国家的排他性对抗意识。①

在解决历史教学问题的过程中，来自欧洲的经验和中日韩史学界的共同研究成果也发挥了相当大的影响作用。德国、波兰和法国等国开发跨越国界的共用历史教材，被韩国视为具有不幸历史的国家进行历史对话与教学实践的范例。东亚三国的历史学者共同参与东亚史辅助教材的编写，为超越国家的界限讲述东亚历史提供了借鉴。

在上述背景下，韩国开设“东亚史”课程的目的很明确，即从官方的角度看，“东亚史”课程的开设，有应对中国和日本“歪曲”东亚史的一面；从教育的目的而言，则期待韩国学生通过学习东亚史，能够放弃以西方为中心的世界史观和以本国为中心的韩国史狭隘性，增加历史学习的深度和广度，通过理解在东亚地区展开的交流、合作和冲突，认识和解与共存的价值，并探索建立和平共同体的过程。作为东亚人，可以与世界人民一起，共同创造和平、繁荣的未来。②

从上述目的出发，韩国教育人力资源部于2007年对教育课程进行了部分的修订。从强调韩国史与世界史之间的联系来看，东亚地区无疑是联系韩国与世界的桥梁，所以，韩国政府决定在高中新开设“东

① ［韩］郑演：《高中〈东亚史〉的特征与内容体系》，《东北亚历史论丛》2008年第19辑，第16页。

② ［韩］崔铉三（音）等编著：《东亚史》，首尔：金星出版社2018年版，第12页。

亚史”选修课，明确规定在高中阶段同时开设韩国史、东亚史和世界史课程。为此，东北亚历史财团组织教材编写者和一些历史教师举办研讨会，并编写了一套说明科目性质和内容的资料集。[①] 2012 年，韩国天才教育出版社和教学社分别组织编写的高中《东亚史》教材[②]正式出版，“东亚史”课程作为选修课正式进入韩国高中课程体系。

2015 年 9 月，韩国教育部公布了新修订的课程设置方案，在历史类课程中，“韩国史”仍作为必修课，“世界史”和“东亚史”则作为一般性选修课。“东亚史”课程内容的设定不是单纯按照时代顺序编写，而是围绕社会变化的主题展开叙述，涉及外交、政治、经济、社会等方面的均衡叙述。2015 年，韩国修订的“东亚史”的教材包括如下内容（如表 1 所示）。[③]

表 1　2015 年韩国修订的《东亚史》教科书内容

大单元	主要内容	对应的历史时期
东亚史的开端	东亚与东亚史、自然环境与生计、史前文化、国家的成立与发展	史前时代—公元前后
东亚世界的形成与变化	人口移动与政治社会变动、国际关系的多元化、儒学和佛教	公元前后—16 世纪
东亚的社会变动与文化交流	17 世纪前后的东亚战争、贸易网的发达与银的流通、社会变动与庶民文化	16 世纪后期—19 世纪中叶

① 《韩中日共同开发历史辅助教材》，韩国东北亚历史财团网站，参见 https://www.nahf.or.kr/gnb07/snb08_04.do。

② 现在韩国高中学校使用的“东亚史”教材包括天才教育、教学社、飞天教育、金星出版社和未来出版社的多种版本。

③ ［韩］南泽范：《2015 年修订高中〈东亚史〉的教育课程分析》，汉阳大学教育大学院硕士学位论文 2016 年，第 19 页；［韩］郑演：《高中〈东亚史〉的特征与内容体系》，《东北亚历史论丛》第 19 辑，第 27 页。

续表

大单元	主要内容	对应的历史时期
东亚的近代化运动与反帝国主义的民族运动	新的国际秩序和近代化运动、帝国主义的侵略战争和民族运动、西洋文化的接纳	19 世纪中叶—1945 年
当今的东亚	第二次世界大战战后处理与冷战体制、经济增长与政治发展、矛盾与和解	1945 年至今

资料来源：此表作者根据［韩］南泽范：《2015 年修订高中〈东亚史〉的教育课程分析》及［韩］郑演：《高中〈东亚史〉的特征与内容体系》自制。

韩国现行的不同版本的《东亚史》教材基本上是按照上述的体系编写的，只不过教材的执笔者有所不同，有的是以大学教授为主编写，有一部分是以高中教师为主编写。

韩国历史教材中的东亚史不是作为韩国史的延伸，而是作为地域史的东亚史。在空间上以中国、韩国、日本和越南四国为中心，时间上包含了古代至当代。[①] 金星出版社出版的《东亚史》教材的卷首语写道，“东亚是一个地理、文化、历史的概念。地理的范畴上，东西从日本列岛到西藏高原，南北则从越南到蒙古高原。文化上，中、韩、日、越形成‘东亚文化圈’”。[②] “历史共有”（shared history）是东北亚国家的宝贵资源，包括民族、文化、传统领域的共有性等，需要增进“共有（或共享，shared）认知”。[③] 在地理上邻近、文化上有共同性的东亚，各国可以一起分享历史经验并展望未来。

因此，“东亚史”就是探究东亚世界的历史进程和特征的科目。[④]

---

① ［韩］郑演：《高中〈东亚史〉的特征与内容体系》，《东北亚历史论丛》第 19 辑，第 23 页。

② ［韩］崔铉三（音）等编著：《东亚史》，首尔：金星出版社 2018 年版，第 12 页。

③ 张蕴岭：《对东北亚和平时代构建的思考》，《东亚评论》2019 年第 2 辑，第 4 页。

④ ［韩］安秉佑等编著：《东亚史》，首尔：天才教育（株式会社）2018 年版，第 12 页。

这门课程注重通过叙述东亚各国的交流和存在矛盾的历史，探索解决历史矛盾的方向。在各版本的《东亚史》教材中，对东亚地区的形成、“东亚文化圈”的发展、东亚区域内的移民、贸易网络以及国际关系的多元化等方面，都从跨国史的角度作了重点的叙述。特别是在日本殖民统治和侵略战争等历史纷争问题上、在围绕历史认知产生的矛盾等方面，《东亚史》教材阐述了官方、民间和学界共同解决历史问题的努力，具体包括：1993 年 8 月，时任日本政府内阁官房长官河野洋平就“慰安妇”问题发表的道歉谈话；历史学家、教师、市民团体、非政府组织等联合起来推动历史问题解决的行动；中日韩三国学者共同进行历史研究、编写历史教材等。① 在直面问题的同时，引导学习者寻找解决问题的方法，为了达成共同的历史认知而展开历史对话，思考如何建立东亚共同体。②

韩国既往的东洋史研究和教学遵循韩国史—西洋史—东洋史这样一个体系，强调研究统一的东洋史和比较史的东亚区域史，采取的是以韩国、中国、日本、越南四国为中心的叙述体系。从韩国当时的历史认知和历史教育的发展脉络来看，东洋史即指除韩国史之外的亚洲史，而新设立的东亚史则是包括韩国史的地域史。首先，独立的“东亚史”课程的设立，弱化了之前以“韩国史”为中心的历史教育模式，有利于增进韩国学生对周边国家的理解，培养具有东亚地区思维的“东亚人”。其次，“东亚史”课程正视韩国和中日两国之间的历史矛盾，在充分表达韩国立场的同时，也兼顾了东亚其他国家的立场，淡化了历史的“归属”色彩。最后，“东亚史”课程顺应了 20 世纪

---

① ［韩］安秉佑等编著：《东亚史》，首尔：天才教育（株式会社）2018 年版，第 201—202 页。

② ［韩］崔铉三（音）等编著：《东亚史》，首尔：金星出版社 2018 年版，第 163—164 页。

90年代之后兴起的全球史和跨国史的历史学科趋势，把东亚看作一个相对独立的范畴，试图用客观和均衡的视角去把握东亚地区史。在反省“一国中心”的本国历史和西方中心主义的世界史教育所存在的问题的同时，探索强调周边地区视角的东亚主体性。为此，在内容的叙述上，《东亚史》教材既探索东亚史与文化的多样性，更注重揭示其共通性和关联性因素，力求理解和尊重“他者”，体现了东亚国家共同解决历史矛盾和缩小历史认知差异的努力方向。

尽管已经取得了一定的成果，但“东亚史”作为一个独立开设的教学科目，其对东亚的区域的界定、对东亚史的范畴及其结构和叙述方式，以及如何具体体现东亚的相互联系等问题，依然是当下史学界和教育界需要讨论的问题。虽然也有批评认为，韩国开设的“东亚史”课程没能真正摆脱以韩国为中心的视角，过度渲染中韩历史纠纷以及中国的负面形象等，[①] 但开设“东亚史”课程的积极意义仍然是值得肯定的。

四、结语

要解决东亚地区现存的诸多历史问题和现实争端，仅就历史而言，正如有学者所指出，“国际间历史问题争议的解决不是‘悔罪’和‘原谅’那么简单，它更多的是现实政治经济关系的折射”，历史问题不会“自行解决”，需要学者的努力、共同历史研究和教科书合作的展开，来推动历史争端的解决。[②] 而要走出历史的阴影、实现历

① 詹德斌：《从周边看中国——韩国〈东亚史〉教科书中的当代中国形象》，《社会科学》2014年第10期，第28—36页。

② 徐秀丽：《欧洲经验对解决中日历史问题的启示及其局限》，《抗日战争研究》2009年第2期，第146页。

史的超越和历史的和解，还要处理“历史存在”与“现实认知”对接和如何实现历史认知重构的问题。[①]

历史上的中日韩三国同属东亚文化圈，它们以渤海—东海为中心，联系极为紧密。8世纪到9世纪是东亚地区历史上最为开放的时期之一，中国的高僧鉴真、新罗（今韩国）“海上王”张保皋和日本僧人圆仁等成为那个时期的代表人物。通过他们的活动，东亚人跨越了国界，密切联系和互动频繁。鉴古知今，对中日韩三国当今的国别史以及东亚区域史的研究和教育来说，如何超越国别史的一国史观，把握历史的整体性至为重要。跨国史可以帮助人们探索如何把国别史视角与东亚史视角相结合寻求未来的历史研究方向和课题。从探求东亚的同一性、整体性以及构建东亚共同体的目标出发，需要以中日韩三国相互正确认知的视角、而不是囿于国别史的成见，才能科学、准确、客观地反映东亚史的全貌。要通过学术研究和历史分析达成可以共享的知识和某种共同的历史认知，只有对东亚史的各历史事件取得某种客观的认知，才有可能突破现实中存在的学术政治化的困扰，真正实现走向历史真实与对历史真实的理解。

跨国史不仅被用于研究历史，还可以渗透到历史教学中。对于多数人来说，他们的历史认知来自历史教科书，也有部分来自社会教育和家庭教育。利用“东亚史”课程教育来培育东亚共同体意识和“东亚公民”观念，塑造东亚共同的文化认同和身份认同，也许可以成为减少东亚地区争端、通向东亚和平与繁荣的有效途径。

---

① 张蕴岭：《对东北亚和平时代构建的思考》，《东亚评论》2019年第2辑，第2页。

学术信息

“新文科”下的日语专业发展研讨会

2019年11月30日，“新文科”下的日语专业发展研讨会在山东大学东北亚学院会议室举行，来自北京大学、吉林大学、中国海洋大学、青岛大学、烟台大学、山东师范大学、山东科技大学等省内外高校的日语专业负责人与骨干教师汇聚一堂，就相关问题展开研讨。本次研讨会围绕“新文科”下的日语专业发展方向，以“专业建设与人才培养”和“课程建设与课程教学”两个议题，对日语专业发展的基本状况、遇到的困境与问题、解决方法等方面做了全面系统的梳理与分析，并指出新时代下的日语专业要想摆脱困境必须积极进行专业改革，才能实现健康、良性的发展。①

东北亚学术讲坛

2019年12月11日，韩国启明大学全景泰教授访问东北亚学院，以“东北亚经济合作：运输与物流”为主题，主讲了“第20讲东北

① 《东北亚学院举办“新文科”下的日语专业发展研讨会》，山东大学东北亚学院，https://snea.wh.sdu.edu.cn/info/1064/3758.htm。

亚学术讲坛”。[①] 东北亚学术讲坛以全校师生为对象，不定期邀请国内外学术名家进行讲演，致力于打造一个与知名学者面对面交流的学术平台。

2019 年度东北亚地区形势研讨会：“东北亚国家关系变动与朝鲜半岛问题发展走向”

2019 年 12 月 21 日，由山东大学东北亚学院主办，山东大学朝鲜半岛研究中心、山东大学东北亚研究中心、中国亚太学会东北亚分会、中日韩思想库网络研究基地共同举办的“2019 年度东北亚地区形势研讨会：东北亚国家关系变动与朝鲜半岛问题发展走向”在威海顺利召开。来自中国社会科学院、北京大学、中国人民大学、中国政法大学、南开大学、武汉大学、吉林大学、上海大学、延边大学、湖南师范大学、淮北师范大学、山东大学等十余个单位的 30 多位学者参加了会议，就东北亚地区热点问题进行了深入交流与研讨。会议期间，与会专家学者围绕“东北亚大国关系变动与地区形势”“朝鲜半岛与周边国家关系（1）”“朝鲜半岛与周边国家关系（2）”等三个议题展开广泛深入的研讨。“2019 年度东北亚地区形势研讨会”是山东大学东北亚学院举办的“第五届东北亚地区形势探讨会”，为国内东北亚研究与山大师生提供了优质的学术平台。[②]

---

① 《韩国启明大学全景泰教授访问东北亚学院并主讲“东北亚学术讲坛第 20 讲”》，山东大学东北亚学院，https://snea.wh.sdu.edu.cn/info/1064/3762.htm。

② 《山东大学东北亚学院成功举办“2019 年度东北亚地区形势研讨会：东北亚国家关系变动与朝鲜半岛问题发展走向”》，山东大学东北亚学院，https://snea.wh.sdu.edu.cn/info/1064/3774.htm。

学术调研与教学交流

2019年12月30—31日，山东大学国际问题研究院与山东大学东北亚学院研究团队访问上海国际问题研究院、上海社科院国际问题研究所和复旦大学国际问题研究院。针对学科建设、智库建设探索与发展方向等问题展开了深入探讨；在海洋问题研究、智库特色化建设、错位发展方向等方面进行了深入交流。山东大学东北亚学院依托全校资源积极打造国际问题研究院，全面开展了朝鲜半岛政治、区域经济合作、海洋战略与发展等东北亚热点问题研究，鼎力打造国内新兴智库，积极推动共同研究和学术交流。[①]

中英交流合作

2020年3月30日，山东大学国际问题研究院与英国兰卡斯特大学（Lancaster University）有关专家举行网络视频会议，就开展相关学科的学术合作研究与学生培养事宜进行交流。2020年1月，山东大学与威海市政府共建山东大学国际问题研究院英国研究中心，旨在促进中英在经济技术和教育领域的交流与合作。[②]

① 《国际政治与经济系赴上海开展学术调研与教学交流活动》，山东大学东北亚学院，https://snea.wh.sdu.edu.cn/info/1064/3859.htm。

② 《国际问题研究院举行视频会议促进中英交流合作》，山东大学东北亚学院，https://snea.wh.sdu.edu.cn/info/1064/4030.htm。

山东大学讲席教授张蕴岭在《人民日报》发表署名文章

2020 年 4 月 1 日，《人民日报》刊发了山东大学讲席教授张蕴岭的署名文章《携手应对疫情对世界发展的冲击和挑战》。文章全文请参考 http://paper.people.com.cn/rmrb/html/2020-04/01/nw.D110000renmrb_20200401_1-09.htm。[①]

《百年大变局：世界与中国》出版

2020 年 4 月，由中国社会科学院学部委员、山东大学讲席教授张蕴岭主编的《百年大变局：世界与中国》一书，由中共中央党校出版社出版。《百年大变局：世界与中国》一书共约 25 万字，会集了张蕴岭、金灿荣、倪峰、杨光斌、唐永胜等 10 多位著名学者、国际问题专家的学术文章，从大变局中的世界秩序、大变局中的美国、历史上的“百年大变局”及演变动力、大变局中的世界经济、大变局中的世界政治、世界政治大变局中的民粹主义、大变局中的周边格局、大变局下的中国外交、大变局下的国家安全等方面，对“百年未有之大变局”进行分析和研究，系统总结和解答“百年未有之大变局”对中国意味着什么，如何应对全球之变、地区之变等难题，并提出一系列创新理论和战略对策。[②]

---

① 《携手应对疫情对世界发展的冲击和挑战》，山东大学东北亚学院，https://snea.wh.sdu.edu.cn/info/1064/4029.htm。

② 《百年大变局：世界与中国》，新华社客户端北京频道，https://xhpfmapi.zhongguowangshi.com/vh512/share/9026257?channel=weixin&from=timeline。

《命运共同体构建与东北亚和平发展》出版

2019年12月，由中国社会科学院学部委员、山东大学讲席教授张蕴岭与山东大学国际问题研究院海洋战略与发展研究中心主任、山东大学东北亚学院李雪威教授共同主编的《命运共同体构建与东北亚和平发展》一书，由世界知识出版社出版。本书为山东大学与韩国高等教育财团主办的“山东论坛（2018）”会议优选文集，以“命运共同体构建与东北亚和平发展”为主题，包含人类命运共同体构建、东北亚命运共同体构建、“一带一路”与命运共同体构建、东北亚区域合作的前景、大国关系与东北亚和平、无核化与半岛和平构建等六个议题，共同探讨东北亚命运共同体建设的问题，为东北亚和平构建谋求共识。①

东北亚地区新冠病毒疫情专报、报告

2020年2月至5月，山东大学国际问题研究院组织撰写了《关于采取应急措施，尽快恢复产业供应链生产的建议》《关于支持中小企业应对“抗疫情”“贸易战”和扶植创新研发的建议》《以新冠肺炎疫情为突破口，推动与澜湄国家的非传统安全合作》《关于尽早召开中日韩特别部长会议的建议》《对韩国疫情上升如何应对的几点应急建议》《关于推动国际公共卫生安全治理体系建设的建议》《威海市应

---

① 《命运共同体构建与东北亚和平发展》，世界知识出版社微信平台，https://mp.weixin.qq.com/s/Vst6TEHPDEZkeI86R9FW3A。

对韩国疫情发展研究报告》《关于尽快召开“东盟+中日韩”特别领导人会议的建议》《中日韩应建立未来导向的合作新议程》《后疫情时代我国国际科技合作面临调整机遇》等数十份专报、报告。

东北亚学院获得学术成果

根据教育部社会科学司《关于2020年度教育部哲学社会科学研究后期资助项目评审结果的公示》，苗威教授主持的《蕃将在唐朝研究》获批历史学科一般项目。[①] 根据全国哲学社会科学工作办公室发布的《2019年国家社科基金中华学术外译项目立项名单公示》，石坚、王彩芹教师获立国家社科基金中华学术外译项目。两位教师将把《玄学与理学的学术思想理路研究（朱汉民，中国社会科学出版社）》译为日文、韩文。中华学术外译项目主要资助代表中国学术水准、体现中华文化精髓、反映中国学术前沿的学术精品，以外文形式在国外权威出版机构出版并进入国外主流发行传播渠道，旨在发挥国家社科基金的示范引导作用，深化中外学术交流和对话，进一步扩大中国学术的国际影响力，提升国际学术话语权，让世界了解“哲学社会科学中的中国”。我院教师充分发挥语言优势、专业优势，为中国学术精品的对外交流贡献一分力量。[②] 根据《2020年度山东省社科规划研究项目立项公示》，我院王欣媛博士申报的青年项目《高句丽女性与社会研究》成功立项。该项目将以高句丽女性群体为研究对象，解读高句

---

① 《苗威教授获立2020年度教育部后期资助项目》，山东大学东北亚学院，https://snea.wh.sdu.edu.cn/info/1028/4219.htm。

② 《我院2位教师获立2019年度国家社科基金中华学术外译项目》，山东大学东北亚学院，https://snea.wh.sdu.edu.cn/info/1028/3780.htm。

丽社会发展史及东北亚史，具有一定的学术价值和研究意义，并将充实学院东北亚研究这一新兴交叉学科的发展。[①] 郑冬梅副教授负责的《朝鲜语口译专业产教融合教学模式的构建与实践》课题，获得山东大学专业学位人才培养培育项目立项。该项目旨在实现专业学位人才培养与社会需求的接轨，顺应翻译专业硕士教育开展校企合作的趋势，满足社会、学校和企业之间的共同需求，进一步深入探索做实将语言翻译教学与语言翻译服务相结合的产教融合新模式，实现翻译专业硕士由理念阶段、综合技能阶段、模拟实践阶段到真实实习与实践阶段的顺畅过渡，提高专业人才培养质量，实现人才培养和市场的真正对接。[②] 威海市第二十二次社会科学优秀成果奖表彰正式公布，我院 4 位教师学术科研成果获奖。其中，张景全教授的学术论文《区域化与安全化悖论及其视域下的周边安全》与李雪威教授的学术论文《韩国海洋观的历史变迁》荣获二等奖，刘畅副教授的《近代上海与朝鲜的海上贸易（1883—1904）》与梁懿文老师的专著《夏目漱石小说中的近代知识分子主体性研究》荣获三等奖。[③] 学院将继续做实做细科研项目与科研奖项的提前通知、组织申报、专家论证工作，畅通学者们的申报渠道，为学者们在学术研究领域取得更多优秀成果做好服务支撑工作。

（崔明旭整理）

---

① 《我院王欣媛博士获立 2020 年山东省社科规划研究项目》，山东大学东北亚学院，https://snea.wh.sdu.edu.cn/info/1028/3909.htm。

② 《郑冬梅副教授主持的专业学位人才培养培育项目成功立项》，山东大学东北亚学院，https://snea.wh.sdu.edu.cn/info/1028/4159.htm。

③ 《我院 4 位教师荣获威海市第二十二次社会科学优秀成果奖》，山东大学东北亚学院，https://snea.wh.sdu.edu.cn/info/1028/3779.htm。